우리는 모두
　　　심리학으로
말하고 있어

우리는 모두 심리학으로 말하고 있어

초판 1쇄 발행 2023년 11월 20일

지은이 한보미나
펴낸이 장길수
펴낸곳 지식과감성#
출판등록 제2012-000081호

교정 이주희
디자인 서혜인
편집 서혜인, 김초롱
검수 이주연, 이현
마케팅 김윤길

주소 서울시 금천구 벚꽃로298 대륭포스트타워6차 1212호
전화 070-4651-3730~4
팩스 070-4325-7006
이메일 ksbookup@naver.com
홈페이지 www.knsbookup.com

ISBN 979-11-392-1432-1(03180)
값 16,800원

• 이 책의 판권은 지은이에게 있습니다.
• 이 책 내용의 전부 또는 일부를 재사용하려면 반드시 지은이의 서면 동의를 받아야 합니다.
• 잘못된 책은 구입하신 곳에서 바꾸어 드립니다.

지식과감성#
홈페이지 바로가기

우리는 모두 심리학으로 말하고 있어

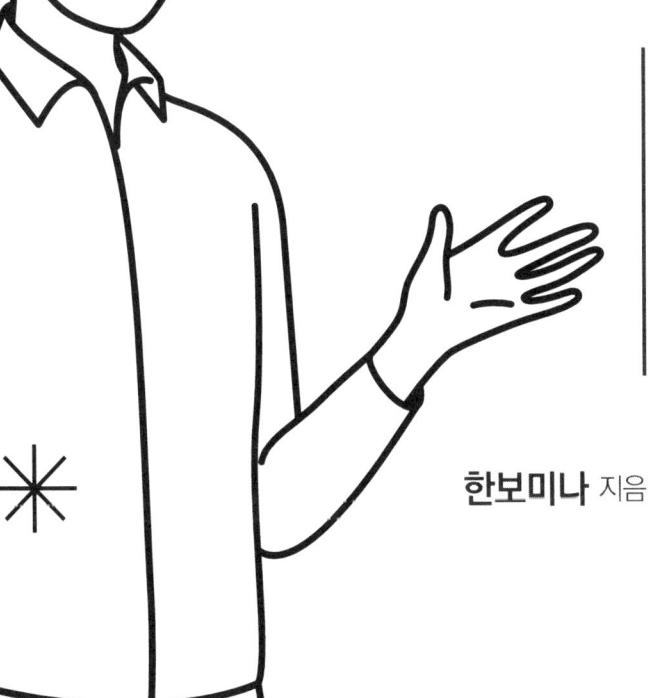

한보미나 지음

커뮤니케이션을 잘하고 싶다면
'심리학' 그리고 '나'를 잘 알아야 합니다

서문

    사람은 혼자 살아갈 수 없습니다. 인간은 누구나 타인과 관계를 맺고 소통을 하고자 하는 욕구가 있기 때문입니다. 평생을 오롯이 혼자 살고 싶은 사람은 없습니다. 혼자 있는 것이 편해도 누군가가 만들어 놓은 영상이 있는 유튜브가 필요한 것처럼 말입니다. 세상을 살아가야 한다는 것은 누군가와 지속적으로 교류해야 한다는 것과 같은 의미입니다.

    심리학을 공부하면서 자연스럽게 효율적이고 생산적인 커뮤니케이션의 필요성을 느꼈습니다. 직장 생활을 할 때도, 누군가의 고민을 들을 때도 사람들의 문제는 언제나 서로 간의 대화가 시작이라고 생각했습니다. 세상의 모든 일은 사람이 만들어 냅니다. AI가 업무를 대신 처리하더라도 AI를 도입하는 건 결국 사람의 몫이고 AI를 만들어 내는 것도 사람의 일이니까요.

    우리는 매일 사람들과 함께 지내며 수많은 의사소통을 하고 있습니다. 아무 생각 없이 나오는 말, 고민 끝에 겨우 입 밖으로 나오는 말처럼 나의 생각과 느낌들이 입을 통해 타인에게 전달됩니다. 그리고 자연스럽게 들리는 사람들의 말소리, 듣고 싶지 않은 누군가의 잔소리, 내가 원하지 않는 대화 상대의 답변도 그들의 입을 통해 내 귀로 전달됩니다. 이처럼 말하고 듣는 것, 어렵지도 복합하지도 않은 일이지만 나의 말 한마디가 타인의 귀까지 가는 과정에서 많은 심리학 요소들이 작용합니다.

　이러한 심리학 요소들 중에서도 커뮤니케이션을 잘하고자 한다면 우리가 가장 고민해야 할 포인트는 바로 나 자신, 자기에 대한 부분입니다. 법정 스님의 "말은 생각을 담는 그릇이다."라는 이야기처럼 말은 그 사람의 머릿속 인지 구조와 닿아 있습니다. 내가 어떤 경험과 생각을 하느냐에 따라 나만의 인지 구조가 만들어집니다. 그리고 타고난 기질, 자라 온 환경, 기분과 정서에 따라 자신의 인지 구조에 적합한 언어가 구성되고 대화 상대에 따라 조금씩 다르게 나타나 소통합니다. 그래서 내가 어떻게 자라 왔고 타인을 어떤 방식으로 대하는지, 현재 내 기분은 어떤지를 알아차리는 게 효과적인 커뮤니케이션의 핵심입니다. 배가 고프거나 기분이 나쁠 때는 아무리 사랑하는 사람이 눈앞에 있더라도 쉽게 화가 날 수 있습니다. 타인과 문제가 발생했을 때 타인을 탓하기보다 내가 현재 어떤 상태인지 가장 먼저 파악해야 합니다. 그리고 이 문제를 해결하기 위해 빠르고 효과적인 방법은 타인을 바꾸려고 하는 것이 아닌 내가 말하는 방식과 태도를 바꾸는 것입니다. 나를 잘 알고 있는 것만으로도 우리는 서로를 충분히 이해할 수 있는 대화를 할 수 있습니다. 심리학을 배우고 교육 과정을 기획하면서 저는 이러한 내용들을 가장 먼저 시행하려고 노력했습니다. 어쩌면 제가 시도했던 방법들을 기록해 놓은 책이라고도 할 수 있을 것 같습니다. 저는 많이 변화했고 스스로 더 타인을 배려하고 효과적으로 커뮤니케이션할 수 있는 사람으로 성장하고 있다고 확신합니다. 그 이유는 가장 가까운 남편도 저의 성장을 느꼈기 때문입니다. :)

집이나 직장에서 대화할 때 많은 사람들이 이런 생각을 합니다. '대체 왜 내 말을 알아듣지 못하는 걸까?' 그 이유는 뭘까요? 이 세상에 존재하는 모든 사람은 서로 다른 인지 구조를 갖고 있습니다. 나는 "아"라고 말해도 상대는 "어"라고 이해해 버릴 수 있습니다. 좋은 커뮤니케이션의 시작은 나를 아는 것이고 그다음은 서로가 다름을 이해하는 것입니다. 상대가 나와 생각하는 방식이나 업무를 처리하는 태도, 현재의 기분 등이 다르다는 전제하에 접근하면 서로에 대한 오해가 줄어들 수밖에 없습니다. 매번 대충 말해도 찰떡같이 알아듣는 사람은 존재하지 않다고 생각하는 편이 좋습니다. 만약 내가 누군가에게 일을 요청하고 나서 내가 원하는 정확한 결과를 가져오지 않았다면 상대방을 탓하기보다 내가 그 사람의 입장에서 수행할 수 있도록 정확하게 요청했는지를 먼저 생각해 봐야 합니다.

커뮤니케이션이라는 것은 단순히 말하기와 듣기뿐만 아니라 정서, 분위기, 관계, 물리적인 상황 등 여러 가지가 복합적으로 작용합니다. 모든 사항을 고려해서 소통을 한다면 너무 복잡하겠지만 우리는 이미 살면서 나름의 데이터들을 정리해 왔습니다. 그래서 어떤 상황에서는 어떻게 대처해야 하는지 자신만의 방법을 구축하여 갖고 있습니다. 이 책에서는 나의 방법에 조금 더 효과적인 소통 방법을 더해 주고자 합니다. 상황별로 원인을 알고 어려운 상황을 유연하게 넘어갈 수 있도록 심리학적인 이론을 바탕으로 실생활에 적용 가능한 방법을 제시하였습니다.

심리학은 오랫동안 사람과 관련한 데이터를 분석하여 만들어 놓은 인간의 빅 데이터를 분석한 것입니다. 이 책을 보고 나면 해당 이론들을 모든 사람에게 똑같이 적용할 수는 없지만 다르게 나타나는 양상에도 효과적으로 대응할 수 있는 방법을 자연스럽게 습득할 수 있습니다. 먼저 누구에게나 일어날 수 있는 [상황 그리고 대화]와 [대화를 들여다보기]를 읽고 나는 어떤 입장일까를 한번 생각해 보시고 공감이 가는 입장의 마음을 헤아려 봅니다. 그다음 [심리학 힌트]를 통해 대화에 어떤 심리학이 숨어 있는지 살짝 살펴보고 [심리학으로 들여다보기]를 통해 대화 속에 심리학을 온전히 이해해 보세요. 마지막으로 [심리학으로 생각하고 말하기]의 질문과 예시를 보고 일상에서 어떻게 적용해야 하는지 고민해 보는 시간을 갖으신다면 조금씩 변화하고 있는 나를 발견할 수 있을 것입니다. 우리는 모두 심리학으로 말하고 있기 때문에 심리학을 이해한다면 타인과 대화를 하는 상황에서 리스크를 줄일 수 있을 뿐만 아니라 업무적 목표와 관계적 목표 두 가지를 모두 빠르게 달성할 수 있습니다. 그리고 이 책을 통해 독자들의 삶에 작은 도움이 된다면 일을 마치고 아이를 재우고 새벽까지 책상에 앉아 있던 저의 시간들이 영광스럽게 느껴질 것 같습니다.

　마지막으로 이 책을 기다려 주고 응원해 준 가족들과 지인들, 대학원에서 스스로 성찰할 수 있는 기회와 지식을 주신 정태연 교수님께도 깊은 감사의 인사를 드립니다. 또한 이 책을 완성할 수 있도록 온 마음으로 응원해 준 권상민 씨, 권태영 군! 그대들을 사랑하는 마음으로 심리학으로 말하고 듣기를 더 열심히 하겠습니다. ;)

목차

01 ✳ 나의 생각과 마음을 보여 주는 커뮤니케이션

같지만 다른 우리 · 12
난 ENFJ라서 그래… · 24
봄, 뭐가 떠오르세요? · 37
내 마음속의 플로우, 안 들리니…? · 49
우리의 분노는 너무 깊고 오래가… · 62
놓치기 전에 행복하다고 말해! · 72

02 ✳ 우리가 함께 공유하는 커뮤니케이션

?를 주는 말과 !를 주는 말 · 86
나, 너 그리고 우리 · 98
내 마음에 '좋아요'를 눌러 줘 · 109
듣고 있나, 팀장님? · 119
강렬한 눈빛이 욕으로 들리는 순간 · 129
오늘의 소통 날씨는 흐림입니다 · 140
만날 순 없지만 만나고 있어 '-'a · 151

03 ✶ 깊이 있는 관계를 위한 커뮤니케이션

더 높이 앉아 있는 사람의 말과 행동 · 162
친구가 되기 위해 서로의 마음에 침투하기 · 172
행복한 결혼 생활을 지속하기 위한 말 · 182
그때는 되고 지금은 안 되는 이유가 뭔데? · 193
마음속 깊은 골짜기를 찾아서 · 204
마음을 움직이는 말 · 215
우리 사이에는 건널 수 없는 세월이 있어 :-(· 226

나의 생각과
　　마음을 보여 주는
커뮤니케이션

―

01

같지만 다른 우리

[상황 그리고 대화]

   대기업 같은 팀에서 근무하는 최 대리와 정 대리는 엄청난 스트레스를 받으며 회사 생활을 하고 있습니다. 그나마 퇴근 후 한잔하는 시간을 보내며 잠시 해방된 기분을 느꼈습니다.

   두 사람은 대학 동기이자 입사 동기로 꽤 많은 시간을 함께했습니다. 최 대리는 정 대리와 오랫동안 같은 시공간을 공유해 왔기에 사회적인 위치가 유사하다고 생각했습니다. 그런데 어느 날부터 정 대리와 자신이 미묘하게 어긋나고 있다는 생각이 들었습니다. 아무래도 나이가 들다 보니 사회 현상이나 정치, 경제 등에 관심이 많아졌고, 그런 주제를 가지고 이야기할 때마다 최 대리는 자신보다 정 대리가 위에 있다고 느껴졌습니다.

   오늘도 힘든 하루를 보낸 최 대리와 정 대리는 퇴근 후 맥주를 한잔하기로 했습니다. 맥주를 시켜 놓고 이야기를 하던 중 '중산층'에 대한 의견에 차이가 있음을 알게 되었습니다.

정 대리: 요즘 집값 미쳐 날뛴다. 어찌하냐, 우리.

최 대리: 뭐, 이번 생은 망했지….

정 대리: 야, 그래도 이 정도 월급에 대출받아서 서울에 전세라도 사는 게 어디냐.

최 대리: 글쎄. 이러다 늘 대출에 쫓겨 주식에, 코인에, 로또에 의존하며 살아야 되는 건 아닌가 싶다.

정 대리: 그래도 그건 누구나 다 하는 거지. 그래도 우리 정도 연봉이면 중산층이지 않냐?

최 대리: 중산층…? 이렇게 대출이 많은데?

정 대리: 대출도 능력 대비 나오는 거 몰라? 그리고 우리 정도 대출 없는 사람들이 어디 있냐? 다 그렇게 사는 거지. 우린 그래도 직장이 안정적이잖아. 재테크도 하고 있고 청약도 하고 있고.

최 대리: 그거 가지곤 부족하지. 지난번에 변리사 합격한 한정웅이 있잖아? 걔는 뭐 우리랑 동갑인데 연봉도 더 높고 집도 있는데 자기가 중산층이라고 생각하던데?

정 대리: 아니, 우리나라 사람들은 연봉이 1억 넘고 강남에 아파트 갖고 있어도 자기가 중산층이나 서민인 줄 안다니까? 정웅이는 고소득층이지 인마.

최 대리: 요즘 뭐 워낙 돈 많은 사람들이 많으니까 난 그냥 쩌리 같다. 하하.

정 대리: 네가 쩌리면 나도 쩌리냐. (웃음) 우리 과에 지영 선배 알지? 그 선배 취직 안돼 가지고 그냥 프리랜서로 알바처럼 일한다던데? 그런 거 생각하면 우린 월급 꼬박꼬박 나오고 먹고사는 데 어렵지 않잖아.

최 대리: 근데 그 선배는 정말 운이 없었던 거지. 우리보다 좋은 회사 다니는 사람들도 많잖아. 우리는 대기업이라도 삼성이나 LG도 아닌데.

정 대리: 야, 밑에도 보고 위에도 봐. 왜 위에만 봐.

최 대리: 그게 아니고 밑이 없어! 오히려 네가 현실적으로 봐라. 난 내가 바닥인 듯. 우리 집에서도 난 바닥….

정 대리: 이 자식은 참 꾸준하네. 네가 바닥이라고 생각하면 너랑 같은 위치에 있는 나도 바닥이냐?

최 대리: 아니 너랑 나랑은 또 다르지.

정 대리: 다르긴 뭘 달라. 우리 정도면 정말 괜찮은 수준이라니까?

[대화 들여다보기]

여러분은 중산층이라고 생각하시나요? 왜 정 대리는 본인이 중산층이라고 생각하고 최 대리는 아니라고 생각하는 걸까요?

이번 이야기에서는 스스로를 어떻게 생각하는지에 따라 나타나는 커뮤니케이션 방식을 살펴보고자 합니다. 본인이 자아 존중감이 높다고 생각하는 사람들은 다른 사람들도 그럴 것이라고 생각합니다. 칭찬을 기분 좋게 받아들이지요. 하지만 본인 스스로 자신감이 없는 사람들은 자신을 항상 낮은 위치에 상주시키고 칭찬보다는 혼이 나는 게 더 익숙할 수 있습니다. 최 대리도 그래서 자신을 바닥이라고 생각했을까요? 최 대리를 좀 더 들여다볼 필요가 있습니다.

최 대리는 보편적인 중산층 가정에서 성장했습니다. 고등학교 다닐 때 반에서 늘 3등 안에 들 정도로 공부도 잘했습니다. 대학도 서울에 있는

4년제 학교를 졸업했습니다. 그런데도 자신은 항상 부족하다고 생각했습니다. 그 이유는 SKY 출신 전문직 종사자 형 때문이었습니다. 어릴 때부터 부모님은 늘 자신보다 형을 중심으로 생각했습니다. 그도 그럴 것이 형은 항상 1등을 하며 반장이었기 때문에 자신이 봐도 멋있는 사람이었으니까요. 부모님은 항상 "형처럼", "형같이", "형을 본받아"라는 말을 많이 하셨습니다. 취업에 성공했을 때도 부모님께서는 그 정도는 누구나 하는 것이라는 반응이셨습니다. 자신에게 중요한 사람들(부모님이나 친구들)이 자신에게 부족하다는 피드백을 준다면 자신도 모르는 사이에 스스로도 부족한 사람이라고 받아들입니다. 최 대리가 바로 그런 식으로 본인을 만들어 온 것이지요. 최 대리 가족이나 주변 지인들을 살펴보면 대부분 누구나 알 만한 기업에 근무하거나 전문직 종사자들이었습니다. 그래서 '나는 부모님 말씀대로 부족한 사람, 못난 사람'이라는 생각을 하면서 살아왔습니다. 간혹 주변에서 사회적 위치가 높다고 생각하는 전문직에 종사하면서도 본인은 스스로를 그렇지 않다고 생각하는 사람들이 있습니다. 최 대리처럼 말이죠.

그럼 정 대리도 한번 살펴볼까요? 정 대리는 자신이 긍정적인 사람이라고 생각하며 살아왔습니다. 그 이유는 부모님의 경제적, 심리적 지원 때문입니다. 정 대리가 시험을 못 보고 돌아온 날에도 최선을 다했으면 괜찮다고 격려해 주시고 정 대리가 하고 싶은 것들을 할 수 있게 해 주셨습니다. 그리고 자녀들을 데리고 여행도 많이 다니셨습니다. 그런 부모님을 따라 정 대리도 다양한 경험을 하면서 성장하였습니다. 그럼에도 불구하고 정 대리는 삶의 모든 부분이 만족스럽진 않았습니다. 자신보다 더 많은 자산과 연봉, 더 높은 사회적 위치에 있거나 걱정, 근심 없이 행복하게 살고 있는 듯한 지인들을 보면 부럽기도 했으니까요.

그래도 자라 오면서 많은 경험을 했기에 본인의 삶은 나름 괜찮은 삶이라고 생각했습니다. 가끔 우울할 때면 주관적으로 생각했을 때 자신보다 더 힘든 사람들을 보면서 위안을 얻고, 동기 부여가 잘 안 될 때는 자신보다 더 괜찮은 삶을 사는 사람들을 보면서 더 힘을 내서 무언가를 이루려는 노력을 하였습니다.

살면서 나에게 중요하다고 생각하는 사람의 피드백은 나 스스로가 어떤 사람인지 만들어 가는 과정에 많은 영향을 미칩니다. 최 대리와 정 대리가 각각 부모님에게 다른 피드백을 받아 현재에 영향을 미친 것처럼 말입니다. 어렸을 때부터 그런 피드백을 받으면 아직 자신의 정체성을 알기 전이기 때문에 좋든 나쁘든 어떠한 평가도 온전히 받아들입니다. 그래서 최 대리는 "우리는 중산층이며 꽤 괜찮은 삶을 살고 있다."라는 정 대리의 말에도 쉽게 수긍을 할 수가 없습니다. 최 대리는 자신에게 중요한 사람들이 건넸던 말과 행동들(긍정적 피드백보다는 부정적 피드백이 마음에 더 남았겠죠?)이 남아 스스로를 중산층도 안 되는 사람이라고 단정 지었을 것입니다.

정 대리 역시 부모님과 선생님들의 말과 행동을 통해 자신을 괜찮은, 능력 있는 사람이라고 결론 내렸기 때문에 대화에 왠지 모를 자신감이 묻어 있습니다. 그리고 끊임없는 비교를 통해 자기 스스로에게 추진력을 얻는 방법을 잘 알고 있습니다.

이처럼 서로가 유사한 환경에서 유사한 삶을 살아가는 것처럼 보일지라도 본인이 스스로를 어떻게 생각하고 평가하느냐에 따라 실제로는 다른 삶을 살고 있을 수 있습니다. 어쩌면 시간이 지나면서 최 대리와 정 대리의 대화는 위의 대화처럼 흘러갈 가능성이 높습니다. 서로를 이해하지 못하고 그로 인해 대화가 어긋나 버리고 그런 영향이 둘의 관계까지 부정적 영향을 줄 수 있습니다. 자신에 대한 스스로의 생각은 사람들과의 관계에도 영향을 미치고 서로의 대화에서도 그런 부분들이 반영됩니다.

[심리학 힌트]

커뮤니케이션에 반영되어 나타나는 '자기'의 개념

[심리학으로 들여다보기]

여러분은 스스로를 어떤 사람이라고 생각하나요?

내가 스스로를 어떤 사람이라고 생각하고 있는지는 다른 사람과의 대화 속에서 자연스럽게 묻어 나옵니다. 긍정적인 말과 행동을 하는 사람들은 분명 자신을 긍정적인 사람이라고 생각할 확률이 높습니다. 그리고 많은 사람들이 그에게 긍정적 피드백을 했을 가능성도 높습니다. 이처럼 대화를 통해 만들어지는 자기 개념은 또 다른 대화에 영향을 줍니다. 두 사람은 현재 유사한 환경에 살고 있지만 자라면서 '사회 비교'와 '반영 평가' 등의 여러 가지 원리에 의해 형성된 '자기 개념'이 서로 다르기 때문에 서로의 의견마저 엇갈릴 수밖에 없습니다. 우리의 의사소통은 어떻게 생각하느냐에 따라 듣고 말하는 방법이 달라지기 때문입니다.

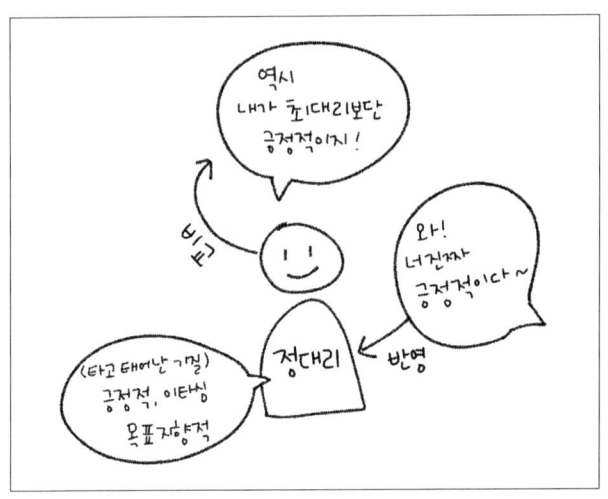

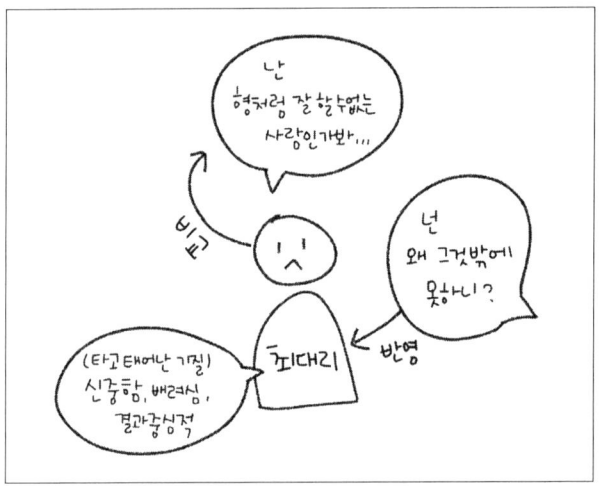

앞에 나온 최 대리와 정 대리처럼 스스로를 어떻게 생각하는지가 바로 '자기 개념'입니다. 자기 개념은 자신이 자기에 대해 느끼는 감정이 많은 비중을 차지합니다. 커뮤니케이션뿐만 아니라 사회에서 살아가려면 스스로 살아갈 수 있는 힘이 필요하고 많은 사람들과 교류해야 하기 때문에 우리가 스스로 어떤 사람인지 알고 있는 것은 필수입니다. 최 대리를 살펴보면 자아 존중감이 조금 낮을 수 있지만 객관적으로 보기에 충분히 최 대리도 괜찮은 사람입니다. 하지만 스스로를 낮게 평가하는 사람에게 객관적인 관점은 크게 중요하지도 않고 의미도 없습니다. 남들이 아무리 "넌 괜찮은 사람이야."라고 말해도 본인은 아니라고 생각하기 때문입니다. 자신을 낮게 평가하는 사람들은 부정적 피드백을 쉽게 받아들입니다. 누군가가 최 대리에게 일을 잘한다는 피드백과 일 처리가 늦다는 피드백 중 일 처리가 늦다는 피드백을 더 쉽게 수용할 수 있습니다. 이러한 부분은 때로 관계에서 다른 사람들에게 적대감을 나타내기도 합니다.

그리고 자기 자신을 믿는 신념과 존중감이 높으면 의사소통에 자신감을 가질 수 있다는 연구 결과가 있습니다.[1] 주변에 의사소통을 잘하는 사람을 찾아보면 일에 대한 자신감이 높은 것을 확인할 수 있습니다. 반대로 자기 효능감(스스로 일을 잘 해낼 수 있다고 믿는 능력)이 낮으면 자신감이 부족해 의사소통이 어려울 수 있기 때문에 스스로를 어떤 사람이라고 생각하고 믿는지는 삶을 살아가는 다양한 부분에 영향을 미칠 수 있습니다.

자기에 대한 개념은 자아 존중감 이외에도 타고 태어나는 기질도 영향을 주고받습니다. 쉽게 성격이라고 이야기해 볼까요? 여러분도 타인과 이야기를 하다 보면 '아, 이 사람 성격이 이렇구나.' 하고 생각하는 경우가 있을 것입니다. 본인도 스스로를 그렇게 생각하고 있겠죠. 하지만

---

[1] 최문실. (2017). 의사소통 인식과 의사소통능력 및 자기효능감에 대한 융합연구-S 대학 융복합 수강생을 중심으로. 융합정보논문지, 7(6), 79-87.

성격이 소극적이고 수줍음이 많은 특성을 타고났으며 스스로도 자신을 그렇게 생각한다고 해서 실제 커뮤니케이션에서 그런 방식으로만 행동하지는 않습니다. 우리는 성격의 많은 부분을 통제하면서 살아가고 또 그렇게 사람들과 소통하니까요. 결국 내가 어떤 경험을 통해 나를 어떤 사람이라고 생각하는지 꾸준히 연습한다면 원하는 모습의 나로 되어 갈 확률이 높습니다. 그리고 자연스레 대화에서도 여러분의 변화한 모습이 나타날 것입니다.

　우리는 다른 사람들의 시선과 피드백을 의식하면서 살아갑니다. 사람들은 나에 대한 평가를 하고 나는 이 평가를 다시 나에게 전달합니다. 그러면서 나는 '타인이 나를 바라보는 방식'을 반영하여 나를 만들어 나갑니다. 이것을 '반영 평가'라고 이야기합니다. 최 대리 부모의 말과 행동이 최 대리에게 반영된 것처럼 말입니다. 그래서 칭찬과 같은 긍정적인 피드백이 아이들에게 중요한 것입니다. (사실 어른들에게도 중요하죠.) 아이들은 더욱이나 스스로를 알아볼 방법이 없기 때문에 이러한 어른들의 평가를 그대로 받아들이게 됩니다. 여러분은 어떤 평가를 받으면서 성장했나요? 지금 나라는 사람을 생각했을 때 떠올리는 어떤 말들이 부모님께서 하시던 혹은 친구들이 자주 하는 말이 아니었을까요? 그래서 피드백을 할 때 어떤 방식으로 전달해야 하는지 고민이 필요합니다. 나의 말 한마디가 타인에게 굉장히 많은 영향을 미칠 수도 있으니까요.

　학교 다닐 때 엄친아(엄마 친구 아들)에게 비교당해 본 적 있으신가요? 너무 싫죠. 이렇게 우리가 싫어하는 '비교'도 우리 스스로의 개념을 만들어 가는 데 아주 중요한 역할을 합니다. 앞에서 정 대리는 부모님의 영향으로 도움이 필요한 사람들을 많이 만났습니다. 그러면서 본인의 위치가 꽤 높이 있다고 생각했을 수 있습니다. 어떤 날엔 자기보다 공부 잘하는 친구를 보면서 좌절감을 맛보고 "더 열심히 해야지."라고 동기 부여 했을 수도 있습니다. 이렇게 위아래 옆을 바라보면서 사회 비교를 하면서 자신에 대한 생각들을 만들어 갑니다. 다른 사람들과의 비교를 통해 내가 더 똑똑한지 아닌지, 매력적인지 아닌지, 성공했는지 실패했는지 등을 평가합니다. 주관적으로 더 나은 사람들과의 비교를 상향 비교, 자신보다 못하다고 생각하는 사람들과의 비교를 하향 비교라고 합니다. 자신과 비슷한 사람들을 보며 안정감을 얻기도 하는데 이러한 비교를 유사 비교라고 이야기합니다.

  우리는 끊임없는 비교를 통해 괴로워하기도 합니다. 내 얼굴이 전지현이 아닌 것에 낙담을 하고 지속적으로 성형을 해도 만족하지 못합니다. 가난한 집에서 태어나 현재 괜찮은 수준의 삶을 살고 있음에도 더 가지지 못한 부에 대해 속상해합니다. 이러한 생각은 합리적이지 못한 기준을 통해 스스로를 더 힘들게만 합니다. 완벽하고자 하는 성향을 가진 사람들이 더 그러한 경향을 보입니다. 하지만 다른 사람과의 사회 비교는 반드시 부정적인 마음을 높이기만 하는 것은 아닙니다. 때로는 삶의 동기로 작용하기도 합니다. 그리고 삶에서 받는 다양한 스트레스를 완충시켜 주는 효과도 있습니다. 비교라는 것은 우리를 더 좋은 위치로 올려주기도 하고 더 낮은 위치로 내려다 주기도 합니다. 그래도 너무 잦은 타인과의 비교는 나를 힘들게 만들 수도 있습니다. 자신을 적당한 위치에 놓고 흔들리지 않을 수 있는 힘이 필요합니다.

결국 중요한 사실은 자신의 어떤 모습이든 자기에 대한 개념을 긍정적으로 형성하고 자기를 있는 그래도 받아들일 수 있어야 한다는 것입니다. 자기에 대한 이해를 바탕으로 스스로를 온전히 받아들이는 자기수용을 통해 의사소통 능력을 향상시킬 수 있다는 연구 결과도 있습니다.[2] 타인과의 관계나 보이는 것, 타인의 피드백이나 비교를 통해 나의 위치를 판단하기보다는 스스로에게 굳건한 '나'를 정립함으로써 다양한 삶의 방면에서 긍정적인 효과를 얻을 수 있습니다.

내가 어떤 사람으로 보이고 싶은지, 상대방은 어떤 사람이라고 드러내고 싶은지 우리는 모두 커뮤니케이션을 통해 알 수 있습니다. 오늘부터 여러분이 스스로를 어떤 사람이라고 생각하고 어떤 위치에 자신을 놓고 있는지 타인과의 대화 속에서 한번 찾아보시는 건 어떨까요?

---

2) 박상환, 김장이, & 방병노. (2016). 자기이해, 자기수용, 자기표현이 타인관점수용과 의사소통역량에 미치는 영향 연구: 서울, 경기도의 한국 대학생을 중심으로. 한국콘텐츠학회논문지, 16(7), 410-422.

[심리학으로 생각하고 말하기]

Q) 지금까지 가장 많이 들었던 나에 대한 피드백은 무엇일까요?

→ 넌 정말 성격이 활발한 것 같아. 리더십이 좋네! 책임감 있어. 덤벙거려. 오지랖이 넓어. 호들갑스러워. 칠칠맞아.

Q) 나는 상향 비교/하향 비교/유사 비교 중에 어떤 비교를 가장 많이 하고 있을까요? 그리고 또 그 이유는 무엇일까요?

→ 이것저것 다 하는 것 같습니다. 상황에 따라 다르지만 상황이 좋지 않을 경우 하향 비교를 하면서 괜찮다고 스스로를 위로하고 유사 비교를 하면서 마음의 안정을 찾습니다. 불안할 때는 상향 비교를 잘 하지 않으려고 합니다.

Q) 여러분은 사람들에게 기분 좋은 말(긍정 언어)을 많이 하는 편인가요? 혹은 듣기 싫은 이야기(부정 언어)를 많이 하는 편인가요? 그리고 나는 크게 두 가지 커뮤니케이션(긍정 혹은 부정)중 어떤 커뮤니케이션을 하는 사람으로 비춰지고 싶은가요?

→ 긍정 언어와 부정 언어 모두 많이 합니다. 사람들에게 좋은 말을 많이 해 주는, 마음의 위안을 주는, 격려해 주는 말을 많이 해 주는 사람이 되고 싶습니다.

난 ENFJ라서 그래…

[상황 그리고 대화]

　제인 씨와 정국 씨는 4년간 연애 끝에 드디어 결혼을 하기로 결심했습니다. 둘은 서로를 사랑했고, 계속 함께하고 싶었습니다. 연애할 때는 마냥 좋기만 해서 잘 몰랐는데 결혼 준비를 시작하면서 서로가 많이 다르다는 생각이 불쑥불쑥 들었습니다. 제인 씨는 외향적이고 계획적인 사람입니다. 결혼식에 초대해야 할 사람들도 많아 청첩장을 전달해야 하는 모임도 많습니다. 결혼을 하기로 한 그 순간부터 자신이 평소에 생각해 놓았던 결혼식에 어울리는 식장과 드레스, 신혼여행까지 일사천리로 준비를 해 왔습니다. 정국 씨는 내향적이고 말하는 것보다 듣는 것이 편안한 성격입니다. 뭘 계획하기보단 그때그때 상황에 맞춰서 해결하고자 합니다. 그러다 보니 결혼 준비를 제인 씨가 거의 다 준비하고 정국 씨는 확인만 하는 수준이었습니다. 정국 씨에게 결혼식은 그냥 해야 하는 의식처럼 느껴졌으니까요. 제인 씨는 점점 불만 아닌 불만이 쌓였습니다.

제인: 자기야, 청첩장 몇 장 할 건지 어제 말해 주기로 했잖아.

정국: 아 맞다. 아버지한테 여쭤봤는데 가족들 거랑 내 거랑 대충 합치면 200장 좀 넘게.

제인: 아니 정확하게 말해 줘야 주문을 하지. 아버지가 몇 장 필요하다고 말씀하셨는데?

정국: 어, 200장. 난 많이 필요 없을 것 같은데?

제인: 회사에는 안 돌려? 거래처는? 친구들은?

정국: 아! 돌려야지. 그럼 회사에 같은 팀에만 할까? 한 2~30장? 그리고 고등학교랑 대학교 친구들만 돌리면 되니까 그것도 비슷하게?

제인: 정말 그거면 돼?

정국: 어. 안 되면 모바일로 주지!

제인: 와, 난 지인이랑 친구들 것만 지금 최소 150장 생각했는데…. 뭐 아무튼 낙장불입입니다. 그럼 자기네는 넉넉히 300장 할게.

정국: 응, 그래!

제인: 근데 내가 다 찾아보고 결정하는데 자기는 내가 부탁한 거는 좀 빨리빨리 알아서 대답해 줘야 하는 거 아냐?

정국: 미안해.

제인: 그리고 그 한복도 말야. 난 굳이 필요 없을 것 같은데. 우리가 앞으로 한복 입을 일이 있겠어?

정국: 그치.

제인: 어제 어머니한테 전화 3통 받았잖아. 한복집 어디로 할 건지. 뭘로 할 건지. 가격은 얼만지. 나 어제 중간보고 있어서 바빴는데…. 그런 건 자기가 듣고 나한테 얘기를 좀 해 주든가. 나 혼자 결혼해?

정국: 아, 그치… 미안.

제인: 다 내 맘대로 하는 건 좋지만 같이 결혼하는 입장으로 협조는 좀 해야지… 신행은 어떻게 할래?

정국: 주말에 호텔가서 쉬면서 같이 알아보자!

제인: 일단 내가 후보지 2개를 골라 놨으니까 얘기해 보고 주말에 결제하자.

정국: 응, 알겠어! 고생했어, 자기야!

[대화 들여다보기]

요즘 MBTI 성격유형검사 많이들 해 보셨죠? 한창 유행을 타더니 사람들을 새로 만나서 관계를 형성할 때나 누군가를 이해하고자 할 때 MBTI를 파악하는 것이 하나의 문화로 자리 잡아 버렸습니다.

MBTI 유형별로, 4가지 각각 성향의 정도에 따라 커뮤니케이션도 다른 방향으로 전개됩니다. 제인 씨와 정국 씨를 보면 어떤 유형인지 느낌이 오시나요?

우선 제인 씨의 성격 유형을 대화에 드러난 문장으로 유추해 볼까요? (물론 짧은 대화로 한 사람의 성격 유형을 유추하여 정확하게 판단하기는 어렵습니다.)

"와, 난 지인이랑 친구들 것만 지금 최소 150장 생각했는데…."
▶ 대화에 앞선 설명에서도 나왔지만 친구들이 많고 청첩장 개수를 말하는 부분을 보면 외향형(E)임이 느껴집니다!

"난 굳이 필요 없을 것 같은데. 우리가 앞으로 한복 입을 일이 있겠어?"
▶ 구체적인 데이터에 근거하기보단 자신의 직관적인 느낌, 그리고 미래에 초점을 맞추는 말의 느낌을 봤을 때 직관형(N)인 듯합니다.

"어제 어머니한테 전화 3통 받았잖아. 한복집 어디로 할 건지. 뭘로 할 건지. 가격은 얼만지. 나 어제 중간보고 있어서 바빴는데…. 그런 건 여보가 듣고 나한테 얘기를 좀 해 주든가. 나 혼자 결혼해?"
▶ 만약에 사고형이라면 "내가 지금까지 뭘 했고 어떻게 결과가 나왔으니 넌 뭘 해야 한다." 이렇게 이야기했을 겁니다. 하지만 감정을 앞세운 자신의 상황과 결혼에 대한 의미까지 이야기하는 것을 보면 감정형(F)인 것 같습니다.

"아니 정확하게 말해 줘야 주문을 하지. 아버지가 몇 장 필요하다고 말씀하셨는데?
"회사에는 안 돌려? 거래처는? 친구들은?"
▶ 이 부분을 보면 판단형(J)인 것 같네요. 앞에서부터 계획적이고 자기가 원하는 대로 추진하고 통제와 조정을 하고자 하는 느낌. 뚜렷한 기준과 자기 의사를 내비치는 모습에서 판단형(J)임을 유추할 수 있습니다.

제인 씨는 ENFJ라고 추측할 수 있습니다. 외향적이고 열정적이며 책임감 있고 타인에게 관심이 많은 유형입니다. 새로운 일에 호기심이 넘치며 사람들이 원하는 것을 빠르게 캐치하기도 합니다. 특히 관계에 있어 언어 표현에 능숙해 상황을 잘 다루고 대응합니다. 그러한 성격 탓에 결혼을 해야 하는 상황 속에서 각자의 부모님의 입장과 당사자들이 원하는 것을 조율하고 맞춰 나가는 것도 어렵지 않게 해 오고 있었습니다. 그리고 자신이 생각하는 이상적인 결혼을 늘 생각하고 머릿속으로 수정해 왔습니다. 2년 전 결혼한 친구가 준비하는 과정을 지켜보며 그때부터 아주 조금씩 결혼에 대한 청사진을 그려 왔는지도 모릅니다. 그래서인지 웨딩 플래너 없이도 엑셀로 결혼식장 리스트를 만들어 직접 가 본 뒤 합리적이고 마음에 드는 곳을 결정했습니다. 주변에서 다들 대단하다고 하니 뭔가 더욱 신나서 결혼 준비를 하고 있었습니다.

자, 그럼 이번에는 정국 씨의 성격 유형을 유추해 볼까요?
내향형과 외향형은 둘의 대화에서 명확히 드러나지는 않습니다. 단지 제인 씨의 말에 먼저 질문을 하거나 의견을 내기보다는 듣는 입장인 것으로 봐서 내향형(I)에 가깝습니다. 감각형인지 직관형인지도 대화에서는 명확히 드러나지는 않습니다. 정국 씨의 성향은 점점 미궁 속으로 가는 걸까요….

하지만 사고형(T)인지 감정형(F)인지는 알 수 있을 것 같습니다.
"아, 그치… 미안."
▶ 보통 감정형(F)이었다면 "아! 자기야 미안! 바쁜데 엄마 왜 그러시냐. 한복 그게 뭐라고. 그치?" 이렇게 제인 씨의 감정을 읽어 주려 했을 텐데 그렇지 않고 상황을 종결하고자 하는 느낌의 답변이라 사고형(T)에 가까운 것 같습니다.

마지막으로 판단형(J)인지 인식형(P)인지 살펴볼까요?

"아! 돌려야지. 그럼 회사에 같은 팀에만 할까? 한 2~30장? 그리고 고등학교랑 대학교 친구들만 돌리면 되니까 그것도 비슷하게?"
> ▶ 제인 씨와 다르게 정확한 판단 혹은 어떤 틀 안에서 자신의 생각대로 통제하고자 하는 느낌이 없습니다. 정확하지 않고 상황에 따라 흘러가는 대로 이야기하는 느낌을 보니 인식형(P) 같습니다.

정국 씨는 IS(N)TP 같습니다. 제인 씨와는 정반대의 성격 유형을 갖고 있는 것 같습니다. 조용하고 말이 없으며 인생을 논리적으로 분석하고 객관적으로 관찰합니다. '결혼식'이라는 상황에 신부가 원하는 대로 진행하는 것이 편안한 길이라고 선택했기 때문에 크게 관여하지 않았고, 자신의 업무에만 집중을 하고 있었습니다. 그리고 자신의 노력이 필요한 곳에만 쓰이면 된다는 생각을 하고 있습니다. 결혼식이라는 것도 결혼을 하기 위한 하나의 과정, 공표하는 날 정도라고 생각했기에 크게 많은 부분을 맡아서 해야 한다는 생각조차 하지 못했습니다. 부모님과 제인 씨의 관계도 공감하고 조율하는 측면보다는 논리적으로 접근을 하다 보니 양쪽 상황 다 이해 안 되는 부분이 많았습니다. 제이 씨가 많은 부분을 선택하고 진행하는 것에 대한 주도권을 자신이 주었기 때문에 맘대로 준비하는 제인 씨의 투정이 좀 당황스러울 때도 있습니다.

MBTI로 성격 유형에 대해 설명한 것도 여러분의 이해를 조금은 더 쉽게 하기 위함입니다. 성격에 따라 사람들은 천차만별입니다. 물론 사람을 16가지 유형으로 딱 나누어 구분할 수는 없죠. 그리고 동일한 유형 내에서도 정도에 따라 나타나는 성향이 다를 수 있습니다. 그래도 어떤 성격을 갖고 있는지 상대방에게 관심을 둔다면 서로가 뭘 원하는지 좀 더 쉽게 알 수 있습니다. 대화를 하기 위해, 관계를 지속해 나가기 위해 상대방의 성격을 파악하는 것은 굉장히 중요한 일입니다. 그리고 나도 내가 어떤 사람인지를 잘 알고 스스로를 받아들일 수 있어야 상대방도 받아들일 수가 있습니다. 여러분도 갈등을 겪고 있는 사람이 있다면 그 사람의 성격과 나의 성격이 어떤 대화를 만들어 나가는지 한번 살펴보시는 것이 좋습니다.

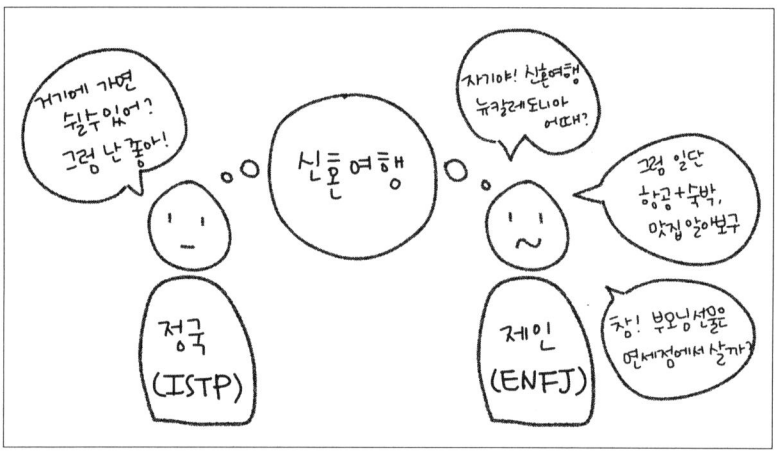

제인 씨와 정국 씨, 두 사람은 무사히 결혼식을 마치고 부부로서 더 깊이 있는 관계로 잘 살아갈 수 있을까요?

[심리학 힌트]

MBTI 성격 유형에 따라 달라지는 커뮤니케이션의 형태

[심리학으로 들여다보기]

먼저 사람의 성격에 대해 이야기해 보고자 합니다.

성격은 선천적이라고 생각하시나요, 아니면 후천적이라고 생각하시나요? 결론은 '둘 다' 여러분의 성격을 만들었다는 것입니다. 선천적으로 타고나는 유전적인 부분은 분명 존재합니다. 가끔 어머니 혹은 아버지와 똑같은 성격의 나를 발견하고 있지 않나요? 우리는 유전적으로 성격이 형성되었다는 것을 내 존재 자체로 증명하고 있습니다. 그리고 또 하나, 인간은 사회적인 활동을 하면서 발달하고 성장합니다. 할머니, 할아버지, 부모, 형제자매 등 가족 구성원으로부터 영향을 받습니다. 그리고 어려서부터 유치원 혹은 학교와 같은 기관에 다니고 선생님이나 또래 친구들과 교류하면서 그들의 피드백으로부터 자신의 성격을 형성해 나갑니다. 학창 시절 친구 중에서 직장 생활을 하고 결혼을 하고 나니 이전과는 좀 달라진 친구가 있나요? 새로운 사람을 만나고 끊임없이 상호 작용 하면서 우리는 좀 달라질 수 있습니다. 하지만 기존에 있던 성격이 변화했다기보다는 환경과 여러 가지 상황들에 적응하고 편하게 쓰고자 하는 성격이 존재하기도 합니다. MBTI는 사람의 여러 가지 성격 중 편하게 쓰이는 성격을 대표적으로 말해 주는 것이기도 합니다.

상대방의 성격을 알면 커뮤니케이션을 긍정적으로 할 수 있습니다. 소개팅 상대 앞에서도, 업무상 앞에 있는 고객 앞에서도 말입니다. 성격을 파악했다는 것은 상대방이 어떤 방식으로 무엇을 원하는지 알기 쉬워졌다는 의미니까요. 그래서 우리는 끊임없이 서로에 대해 궁금해하고 탐색합니다.

MBTI가 그러한 욕구를 어느 정도 충족시켜 주는 것 같습니다. 그래서 대유행을 하고 있겠죠? 하지만 MBTI에서 규정한 16가지 성격 유형을 단순화시켜서 사람의 성격을 이야기한다는 것은 엄청난 일반화입니다. 이 세상에 존재하는 같은 유형의 모든 사람들이 모두 같은 성격일 수 없으니까요. 많은 심리학자들이 이 검사는 신뢰도가 낮다고 말하는 이유이기도 합니다. 우리는 이 사실을 알고 있지만 서로를 알기 위해 공통분모를 찾고자 혹은 나와 다른 성향을 빨리 알아가고자 나름 효과적으로 이 성격유형검사를 활용하고 있습니다.

그러면 여러분들이 좋아하시는 MBTI 성격유형검사에 대해 잠깐 알아볼까요?

MBTI는 많은 분들이 알고 계신 것처럼 성격유형검사입니다. 사람들이 일상생활에서 쉽게 이해하고 활용 가능하도록 만들어졌습니다.

MBTI는 심리학자 칼 융의 심리유형이론에 기초하여 사람들의 다양한 성격 유형을 묘사하고 있습니다. 16가지로 나타나는 성격 유형은 4가지 반대되는 지표 간의 상호 작용 결과입니다. MBTI는 온라인에서 쉽게 검사할 수 있지만 그렇게 하는 것보다 실제 검사지로 검사한 후에 전문가가 해석을 해야 어떤 기능이 어떻게 서로 영향을 주고 있는지 더 정확하게 알 수 있습니다. 그래서 동일한 성격 유형이라도 다르다는 것을 자세한 분석을 통해 알 수 있습니다. 여러분도 이제 MBTI가 같더라도 같지 않다는 사실을 알고 MBTI에 접근할 거라 믿습니다. :)

MBTI의 성격 유형에 따라 의사소통 능력이 높고 낮은 유형이 있기도 합니다. MBTI를 연구한 학자들은 심리 기질을 'SF/SP/NF/NP' 4가지로 나누었을 때 의사소통 능력이 NF형이 가장 높고, SP형이 가장 낮다는 결과를 도출하였습니다. 그 이유는 NF형은 기질적으로 개별적인 관계를 중시하고 정서적 민감성이 높기 때문에 의사소통 능력이 높고, SP형은 자유롭고 충동적이며 구속을 싫어하고 의무를 부담스러워하기 때문에 의사소통 능력이 낮게 나타나기 때문입니다.[3]

그리고 내향형(I)이 외향형(E)보다 자신의 의사소통 기술이 더 문제가 있다고 인식하고 있다는 연구 결과가 있습니다.[4] 상대방과 눈을 맞추며 이야기하기, 상대방이 궁금한 것을 알아채고 대답하기, 처음 만났을 때 반갑게 맞이하고 관심 갖기와 같은 행동들을 어려워하기 때문에 자신이 의사소통을 잘하지 못한다고 느낄 수 있는 것입니다.

하지만 내가 의사소통 능력이 낮은 유형이라고 해서 낙담하실 필요는 없습니다. 서로의 성격 유형에 적합한 대응만 해도 의사소통 능력은 충분히 향상시킬 수 있습니다. 아래의 표를 한번 보시면 성격 유형에 따른 의사소통 전략을 파악할 수 있습니다. 이를 바탕으로 사람을 만날 때 어떤 성격의 사람일지 관심을 갖고 관찰해 보시면 그 사람이 뭘 원하는지를 빠르게 알아차릴 수 있고 내가 원하는 것도 얻어 낼 수 있을 것입니다.

친한 친구 혹은 가까운 지인과 소통이 잘된다고 느끼는 것은 내가 그 사람에 대해 많은 것을 알고 있고 그 관계에 적절한 소통을 하고 있음을 의미합니다. 그만큼 조심스러운 부분도 잘 인지하고 있는 것입니다. 아이들도 자신의 가까운 친구가 뭘 좋아하고 싫어하는지 알고 그에 맞춰

---

3) 채명옥. (2016). 간호대학생의 MBTI 성격유형에 따른 공감능력, 의사소통능력. 한국산학기술학회 논문지, 17(4), 303-311.
4) 이영희, 이영미, & 김병수. (2008). 의예과 학생의 성격특성과 의사소통 능력 및 수업태도의 관계. 한국의학교육, 20(3), 177-187.

서 소통합니다. 하지만 가족과의 소통은 조금 다를 수 있습니다. 관계가 깨질 염려를 하지 않기에 더 자기 맘대로 소통을 하는 경우가 많습니다.

[MBTI 성격 기질에 따른 의사소통 전략과 욕구]

내향(I)	외향(E)
정보를 글로 표현한다. 타인과의 상호 작용을 별로 좋아하지 않는다. 알고자 하는 내용에만 집중한다.	다양한 면 대 면 주고받기 모임에 참여하고 경청하고 질문하고 응답한다.
직관(N)	감각(S)
정보를 개념이나 큰 그림으로 제공한다. 미래의 비전을 강조한다.	최근의 정보를 과거의 정보와 연관시킨다.
사고(T)	감정(F)
정보를 논리적인 분석 형태로 전달한다. 논리적 근거를 강조하고 가치나 사람에게 미치는 영향에 대해 언급하지 않는다.	사람들에게 지지와 가치를 부여한다. 사람들에게 미치는 영향을 인식하고 함께 일할 수 있다.
판단(J)	인식(P)
정보를 결정한 후에 제시한다. 목표, 계획, 구조를 강조한다. 진행 과정이 유연하지 않다.	결정하기 전 충분한 의사소통을 한다. 계획과 일정을 유연하게 한다. 새로운 정보에 대한 개방성을 유지한다.

관계를 잘 유지하기 위한 소통을 원하신다면 그 사람이 원하는 것이 뭔지 성격을 통해 알아보세요. 그러고 나면 어떻게 말해야 긍정적인 대답을 이끌어 낼 수 있는지 해답을 찾을 수 있습니다. 가장 먼저 가족이

나 친구처럼 가장 가까운 사람에게 시도해 보시는 건 어떨까요? 가장 가깝지만 변화가 어려운 대상에게 새로운 방법을 시도하고 성공한다면 그 어떤 관계에 있는 사람과의 소통도 쉽게 접근할 수 있으니까요!

[심리학으로 생각하고 말하기]

1) 소통하기 어려운 사람이 있다면 그 사람은 어떤 성격인지 한번 유추해 보세요.
   → *그 사람은 분명 E와 T가 들어가는 사람인 것 같습니다. F인 저는 T인 사람이 어렵습니다. "당신 입장에서 나라면 어떻게 할 거 같아?"라는 말을 이해하지 못 합니다.*

2) 1) 이후 그 사람에게 가볍게 MBTI 성격 유형을 물어본 후 어떻게 소통해 나가야 할지 핵심 이론에 나타난 표를 토대로 나만의 전략을 마련해 보세요.
   → *"A라고 말하는 건 나에게 굉장히 기분 나쁜 말이야. 앞으로 이럴 땐 A 말고 B라고 얘기해 줘야 서로가 기분 나쁘지 않게 일 처리를 할 수 있어."라고 해야겠네요.*

3) 내 성격 유형 중 어떤 부분이 가장 두드러지게 나타나는지, 사람들과 소통할 때 이러한 성격이 어떻게 작용하는지 생각해 보세요.
   → *E가 굉장합니다. 처음 만난 사람도 십년지기처럼 말을 건네고 이어 나갈 수 있어요. 조용한 상황을 견디지 못합니다. 그래서 사람들과 쉽게 잘 어울릴 수 있고 분위기를 이끌어 나갈 수 있는 것 같아요.*

봄, 뭐가 떠오르세요?

[상황 그리고 대화]

　여의도 한 회사에 근무하고 있는 수민 씨와 지혜 씨는 올해 초 같은 팀에 근무하게 되면서 알게 된 동료입니다. 알게 된 지는 오래되지 않았지만 우연히 아미(가수 BTS의 팬 명칭)라는 사실을 알게 된 직후부터 내적 친밀감이 폭발하며 친분을 쌓기 시작했습니다. 둘은 점심 식사도 함께하고 커피도 마시며 가뭄 같은 회사 생활에 단비 같은 존재가 되었습니다. 주로 BTS 이야기를 하거나 회사 뒷담화를 하며 시간을 보내곤 했습니다. 사실 수민 씨와 지혜 씨는 찐친(진짜 친한 친구)은 아니지만 회사 내에서는 그래도 어느 정도 말이 통하는 사이라고 서로를 생각했습니다. 사내에서 가깝긴 하지만 그렇다고 엄청 가깝지도 멀지도 않은 그런 사이라고 말입니다. 어느 날, 평소와 마찬가지로 점심 식사 후 커피를 한 잔씩 테이크아웃하여 여의도 공원을 산책하며 대화를 나누었습니다.

수민: 와 날씨 정말 좋다! 이제 봄이 오나 보다. 그쵸?
지혜: 그러게 말이에요. 오늘따라 유난히 화사한 착장들이 많이 보이네요! 오늘 퇴근하고 쇼핑하러 더 현대(쇼핑몰) 털러 가야 할까 봐요.

수민: 역시 패셔니스타 지혜 씨. (더 현대를 참 자주 터시네^^;)

지혜: 오늘도 옷장 문 열었는데 한숨 백번 쉬고 나왔어요. 어머머. 저기 저분 신상 재킷 입었네. 예쁘다. 흐엉.

수민: 예쁘네요. 와, 벚꽃도 너무 예쁘다!! 전 벚꽃을 만끽하고자 이번 주말 벚꽃 캠을 잡아 놨어요!! 캠핑 가서 보면 더 예쁘겠다. 흐흐흐.

지혜: 참 캠핑 좋아하네, 수민 씨는. 나는 불편한 건 정말 힘들던데…. (캠핑은 타협이 안 되던데. 수민 씨 참 부지런도 하네.)

수민: 불편하지만 그것보다 좋은 게 더 많으니까요? 충주에 벚꽃 뷰가 어마어마한 캠핑장을 두 달 전부터 예약해 놨어요.

지혜: 벚꽃은 여의도 아닌가요? (어디서나 볼 수 있는 다 같은 꽃인데…?)

수민: 그렇긴 하지만, 회사 반경 일 킬로미터 이내의 모든 것들은 회색빛이에요.

지혜: 인정.

수민: 지혜 씨는 꽃구경보단 옷 구경이겠죠…? (지혜 씨가 옷을 좋아하니까 거기에 맞는 답변을 해 주는 게 좋겠지.)

지혜: 오, 라임! 당연. 옷이 꽃이죠. 뭐.

수민: 너무 기대된다! 빨리 주말이 왔으면 좋겠어요!

지혜: 어머, 저 사람은 어쩜 저런 색 트렌치를 입었을까!! 구두랑 너무 언밸런스다. (패션 테러리스트는 정말 못 참지….)

수민: 지혜 씨는 패션 센스가 참 좋은 거 같아요. (내가 보기엔 아까 그 트렌치랑 똑같은 거 같은데….)

지혜: 관심이 많아서 그래요. 우리 타니들(BTS 애칭)도 요즘 코디가 엉망이던데…. (하, 내가 코디하고 싶다.)

수민: 맞아요. 그래도 어제 새로 나온 화보는 괜찮던데요?

지혜: 그러니깐여. 그렇게 할 수 있는데 왜 지금까지 엉망으로 스타일링을 했나 몰라.

[대화 들여다보기]

　수민 씨와 지혜 씨는 같은 공간, 같은 시간 속에서 같은 것을 바라보면서도 다른 생각을 합니다. 사람들은 같은 상황이어도 똑같은 생각을 하는 경우가 없습니다. 이는 어떤 것을 바라보고 정보를 선택하고 퍼즐처럼 끼워 자신만의 해석을 하기 때문입니다. 이러한 과정을 우리는 인지(Cognition)이라고 합니다. 그리고 어떠한 자극 자체가 뇌 안으로 들어오는 것을 지각(Perception)이라고 합니다. 이러한 수민 씨와 지혜 씨의 지각과 인지 과정을 통해 서로 다른 것을 느끼고 생각한 것들이 둘의 대화에 나타납니다.

　매 순간 우리에게는 눈에 보이는, 귀에 들리는, 피부로 느낄 수 있는 수많은 자극들이 다가옵니다. 지각은 이러한 자극을 받아들이는 일련의 과정과도 같습니다. 하지만 모든 자극들을 감지하고 받아들일 수는 없습니다. 정보량이 어마어마하기 때뮨입니다. 그래서 수많은 정보들 중에 나에게 강렬한 자극을 선택하고 주의를 기울이면서 자연스럽게 지각 과정을 거치게 됩니다. 그리고 그 외의 정보들은 무시하게 됩니다. 사람들은 모두 자신이 살아온 여러 경험에 따라 어떤 자극을 지각하는 자신만의 프로세스를 갖고 있습니다.

　지각을 통해 들어온 정보들은 우리의 뇌 속에서 처리하고 저장하는 인지적 과정을 거치게 됩니다. 과거의 경험들을 토대로 외부 자극을 선택적으로 지각하고 해석하며 저장을 하는 것입니다. 인지적 활동은 매우 복합하고 다양한 심리 상태에 영향을 받습니다. 사람마다 자신만의 세상을 이해하는 방법이 다른 것도 인지 기능의 차이 때문입니다.

　수민 씨는 벚꽃을 보면서 캠핑을 떠올렸습니다. 지혜 씨는 벚꽃보다는 사람들의 패션이 눈에 들어왔습니다. 이렇게 각자의 시야에 다른 부분이 들어왔다는 것은 많은 정보 중에 각자 선택하고 싶은 정보 혹은 강렬한 정보를 선택했다는 것입니다. 그들의 눈에 보이는 엄청난 양의 정보, 예를 들면 공원 풍경, 사람들의 모습, 도로 위의 차들 중에 수민 씨는 벚꽃을, 지혜 씨는 패션을 선택한 것입니다. 우리는 모든 정보를 다 고려할 수가 없습니다. 지각을 하는 과정 중에 눈, 귀, 입으로 필요 이상의 자극에 노출되기 때문에 본인이 원하는, 강렬한 자극을 주는 정보를 선택하고 또 불필요한 정보들은 무시합니다. 사람들이 대화할 때 주의 깊게 듣지 않는 것도 어쩌면 지각 과정에서 그 정보를 선택하지 않았기 때문입니다.

　우리는 자신들만의 인지 프로세스로 새로운 사물 혹은 말과 행동을 끊임없이 보고 듣고 느끼며 정보를 선택한 후 나만의 분류 체계를 통해 정보를 해석하고 저장합니다. 과거의 경험을 바탕으로 각자의 신념 혹은 태도를 갖고 있기 때문입니다. 대화에서는 알 수 없지만 수민 씨는 패션을 좋아하는 지혜 씨를 보고 '패션을 좋아하는 사람들은 맥시멀리스트다.'라는 사고방식을 갖고 있을 수 있습니다. 지혜 씨는 캠핑을 좋아하는 수민 씨를 보고 '캠핑을 좋아하는 사람들은 부지런하다.'라는 생각을 할 수 있는 것입니다. 그래서 수민 씨는 지혜 씨를 자신의 머릿속 맥시멀리스트 라고 기억하며 이야기를 진행해 나갈 수 있습니다. 지혜 씨도 수민 씨가 하는 행동이 대부분 부지런하다고 생각할 수 있습니다. 이처럼 인지는 정보를 선택적으로 지각하여 해석하고 저장하는 과정을 통해 생각하는 방식과 다른 사람과 커뮤니케이션하는 방식을 결정하기도 합니다.

수민 씨와 지혜 씨를 보면서 나는 어떤 고정 관념을 갖고 있는지(나이, 학벌, 직업, 직장, 지역, 성별, 외모 등), 사람들을 어떤 방식으로 해석하고자 하는지 한번 생각해 보시면 좋을 것 같습니다. 인지하는 모든 과정을 다 알 수는 없지만 대체적으로 어떤 방향성을 갖고 있는지 알고 있다면 커뮤니케이션을 더 전략적으로 할 수 있으니까요!

[심리학 힌트]
사람마다 다른 '지각과 인지 구조'와 그에 따른 커뮤니케이션

[심리학으로 들여다보기]
'인지'라는 것은 단순하게 이야기하자면 '앎'입니다. 사실 꽤장히 당연한 거라 우리는 지각하고 인지하는 것을 느끼지 못하고 당연하게 행하면서 살아가고 있습니다. 그래서 이렇게 설명하는 것이 더 어렵게 느껴질 수 있습니다. 그래도 '지각과 인지'라는 프로세스가 커뮤니케이션의 아주 기본적인 요소라는 것을 알아 두시면 좋을 것 같습니다.

관계와 소통에서 '지각' 과정은 수민 씨와 지혜 씨처럼 먼저 어떤 정보를 받아들이고 선택하는 것부터 시작됩니다. (물론 아주 오랜 시간 동안 우리는 지각이라는 과정을 지속적으로 해 왔습니다.) 그렇다면 사람들은 어떤 정보를 선택하려고 하는 걸까요? 아마 여러분도 느끼셨겠지만

좀 더 자극적인 정보, 특이한 정보가 사람들에게 선택받을 확률이 높습니다. 예를 들어 사람들이 많이 모여 있는 장소에서 목소리가 큰 사람 혹은 키가 크거나 작은 사람, 엄청 화려하게 옷을 입은 사람을 우리는 쉽게 주목하게 됩니다. 또한 반복적인 자극의 노출, 내가 좋아하는 사람 곁에 계속 나타나거나 그 혹은 그녀의 눈에 자주 노출된다면 상대방은 신경이 쓰일 수밖에 없습니다. 반대로 이야기하면 변화가 적거나 눈에 잘 띄지 않는 사람은 사람들의 시선을 받기 어렵습니다.

그리고 정보를 선택하는 또 다른 이유는 바로 동기입니다. 정해진 시간까지 해야 할 일이 있거나 약속이 있다면 우리는 시계를 자주 쳐다보고 있을 것입니다. 배가 고플 때는 먹방을 찾아보는 것도 같은 이유입니다. 수민 씨는 캠핑을 가고자 하는 마음이 있었기 때문에 봄 풍경이 눈에 들어왔을 것이고 지혜 씨는 옷을 사고 싶은 마음이 있었기 때문에 사람들의 패션이 눈에 들어왔겠지요?

앞에서 말씀드렸듯이 수민 씨와 지혜 씨가 각자의 분류 체계를 가지고 생각을 처리하는 것을 조직화라고 합니다. '조직화'란 사람들이 지각하는 과정에서 정보를 선택한 후 그것들을 각자 나름의 방식대로 다시 정리하는 것을 말합니다. 하지만 이는 온전히 자신의 생각과 경험으로만 이루어지지는 않습니다. 자라 온 가정 환경과 부모의 언행, 속한 사회 등에 따라 영향을 받기도 합니다. 또한 학벌주의나 외모 지상주의, 매스컴의 영향 등으로 정해져 있는 특정 도식을 선택하고 그러한 생각의 틀로 다른 사람을 분류해 버리기도 합니다. 그러한 것을 보통 고정 관념이라고 부릅니다. 수민 씨와 지혜 씨가 친해지게 된 계기도 어쩌면 고정 관념이 작용했을 수 있습니다. BTS의 팬, 아미들은 모두 같은 마음(서로에게 좋은 사람이라는)을 갖고 있을 거라는 생각 때문에 서로를 긍정적으로 판단해 버렸을 수 있습니다. 그러나 생각해 보면 특정 인물을 좋아한다는 한 가지 사실만으로 누군가를 온전히 이해한다는 것은 불가능한 일임을 알 수 있습니다. 고정 관념이 모두가 나쁜 것은 아니지만 지나친 고정 관념은 의사소통의 문제를 야기할 수 있습니다. 그래서 우리는 집단의 특성을 개인에게 적용하거나 특정 언어나 행동으로 그 사람을 평가하여 결론을 내어 버리는 일을 항상 경계해야 합니다.

캠핑이든 패션이든 어떤 정보를 선택하고 분류하여 의미를 부여했다면 다른 사람들과의 커뮤니케이션 과정 중에 그에 대한 해석을 서로 주고받습니다. 수민 씨는 캠핑에 대한 기대감을, 지혜 씨는 쇼핑에 대한 설렘을 서로 공유했습니다. 그리고 두 사람은 관계의 깊이가 어느 정도 있기 때문에 이러한 해석을 자연스럽게 공유하고 이해할 수 있습니다. 우리는 서로의 말과 행동을 통해 관계의 깊이나 정보의 유무에 따라 어떤 의미인지 해석하려고 합니다. 만약 수민 씨가 지혜 씨와 친하지 않았다면 지혜 씨의 쇼핑 마니아성 발언에 그냥 별말 없이 넘어갔을 수 있습니다. 또한 직설적인 성격의 지혜 씨가 귀찮게 캠핑은 뭐 하러 다니느냐며 수민 씨가 기분 상할 만한 말을 건네었을 수도 있습니다. 하지만 지금처럼 친밀한 관계라면 지혜 씨가 기분 상할 만한 말을 해도 수민 씨는 그냥 그러려니 하고 또 넘어갈 수 있겠죠? 이처럼 서로에 대한 정보를 사전에 얼마큼 공유하고 있느냐에서 서로의 말과 행동을 다르게 해석할 수 있고 그로 인해 커뮤니케이션의 방향이 바뀔 수 있습니다.

지각은 온전히 나만이 하는 활동이 아닙니다. 사람들이 서로의 생각을 말하고 듣는 과정에 영향을 받습니다. 커뮤니케이션을 하면서 서로의 생각이 다를 수도 있고, 논쟁이 생겨 부딪치는 일이 생길 수 있습니다. 지각의 차이는 관계에서 문제를 야기하기도 하지만 향상시키기도 합니다. 다른 사람의 시각으로 얻은 새로운 정보는 자신이 경험한 것과는 다른 새로운 통찰을 얻을 수 있기 때문입니다. 그래서 서로가 지각하고 있는 부분이 서로 어떻게 다른지 공유한다면 좋은 커뮤니케이션이 가능합니다.

지각이라는 것은 사람들이 무언가를 알아가는 것의 한 부분으로 작용합니다. 지혜 씨와 수민 씨는 소통을 하며 서로를 어떤 사람인지 규정하고 대화 속에서 그것들을 활용하며 문제를 해결하기도 하고 정서적인 영향을 주고받기도 합니다. 주변 사람들과 좋은 커뮤니케이션을 하고 싶다면 나의 직감이 옳다고 가정하기보다는 상대방이 어떤 의도를 갖고 있는지 확인하는 것이 좋습니다. 그리고 상대방의 관점을 경험하기 위해 나를 그 자리에 놓아 보는 것도 좋은 시도겠죠? 그리고 혹시 지금 커뮤니케이션을 하실 때 어색함과 불편함을 느끼고 '도망가고 싶다!'라는 생각이 머릿속에 자꾸 든다면 지각 과정을 통해 나는 어떤 방식으로 많은 정보를 받아들이고 있는가를 생각해 보시면 좋을 것 같습니다.

사람들은 친밀한 관계에서 상대방을 정확하게 지각하고자 하지만 더 좋게 혹은 더 나쁘게 지각하기도 합니다. 그리고 자기 자신과 유사한 방식으로 지각하기도 합니다.[5] 내 아이가 다른 아이보다 더 예뻐 보인다든

---

5) 조영주. (2017). 미혼 커플의 비난 및 철회 의사소통에서 지각의 정확성과 편향. 한국심리학회지: 여성, 22(3), 417-443.

지, 남편이 집안일을 답답하게 할 때 '대체 저 사람은 왜 저럴까, 나라면 안 그럴 텐데.' 하고 생각하는 것처럼 말입니다.

그래서 커뮤니케이션에서 동일한 문제가 반복된다면 내가 상대방을 어떻게 지각하고 있는지, 부정적으로 지각하려고 하진 않는지 혹은 나의 특성을 상대방에게 이입하여 지각하고 있지는 않은지 체크해 봐야 합니다.

지각 후 일어나는 인지적 요인들은 인지적 구조와 과정, 인지적 산물로 구분해서 이해할 수 있습니다. 아래의 그림처럼 수민 씨와 지혜 씨는 각자 경험들이 쌓여 만들어진 구조를 통해 외부 자극을 받아들이고 해석하며 저장합니다. 인지 도식은 개인이 세상을 이해할 수 있는 틀로 작용합니다. 인지적 과정은 수민 씨가 꽃을 보고 자연을 떠올리며 여유를 느끼는 것처럼 어떠한 지각 대상에 대한 의미 부여를 통해 의미가 확대되는 변화의 과정을 의미합니다. 지혜 씨가 꽃이라는 지각 정보를 예쁘다고 생각하고 돋보이고 싶다는 생각으로 확대한 것처럼 말입니다. 물론 이 과정에서 오류도 쉽게 일어날 수 있습니다. 인지 도식에 따라 과장되거나 현실과 차이가 나는 과잉 일반화와 같은 과정이 일어날 수도 있습니다. 인지적 산물은 지각한 정보를 처리한 결과, 즉 수민 씨가 벚꽃을 보고 캠핑이라는 결과를 도출하고 행복감을 느끼는 것을 의미합니다. 인지적 산물은 주로 감정과 행동에 영향을 미치게 됩니다. 지혜 씨가 패션을 떠올리며 불안감이 나타난 것처럼요.

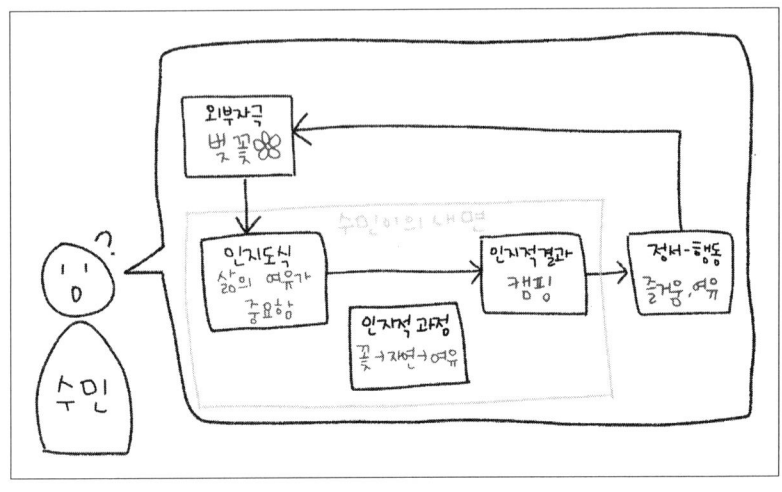

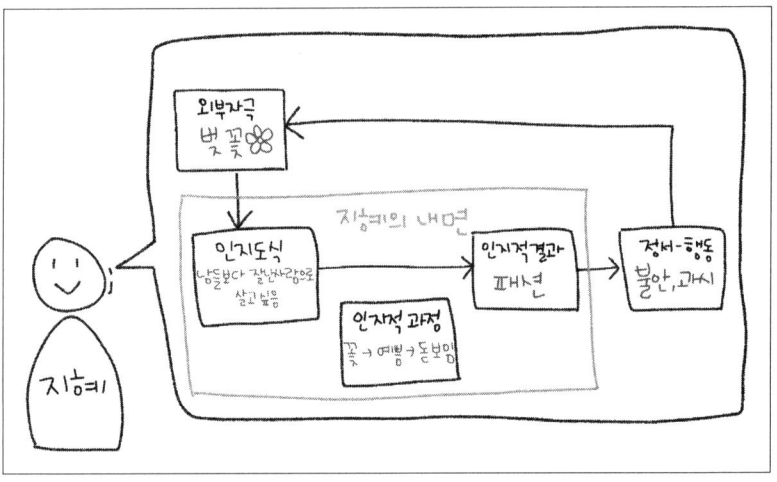

우리는 '모든 사람은 다르다.'라는 생각을 지속적으로 해야 합니다. 다르기 때문에 다르게 보이고 다르게 해석하니까요. 인지 구조는 경험의 축적이기 때문에 누군가가 나와 생각하는 방법이나 해석이 똑같을 수 없습니다. 그리고 이러한 경험의 축적이 나에게 잘못된 고정 관념을 만들어 냈을지 모릅니다. 내가 다른 사람에게 틀렸다고 지적을 많이 하는 편이라면 나도 모르게 많은 고정 관념을 갖고 있는 건 아닌지 고민해 봐야 합니다. 고정 관념이 많은 것은 대화에서 여러 오류를 일으킬 수 있기 때문에 위험할 수 있습니다. 우리는 늘 고정 관념이라는 틀을 경계해야 합니다.

여러분은 어떤 모양의 지각과 인지 프로세스를 갖고 있나요? 봄이 오는 시점이라면 무엇에 먼저 관심을 갖게 될까요? 누군가를 처음 만났다면 그 사람을 보고 어떤 느낌이 떠오르고 어떤 사람이라고 예측하고 있나요?

우리가 늘 생활하면서 사용하고 있는 지각과 인지 프로세스는 여러분의 사고방식과 소통하는 사람 사이의 방식을 결정하게 됩니다. 결국 타인과의 커뮤니케이션은 타인을 파고드는 것이 아니라 자신이 어떤 사람인지를 아는 것에서부터 출발합니다. 그리고 내가 얼마나 줄 수 있고 그 사람은 뭘 원하고 있는지를 찾아가야 하는 여정인 것입니다.

[심리학으로 생각하고 말하기]

Q) 살면서 가장 첫인상이 강렬했던 사람이 있었나요? 어떤 부분이 강렬했고 그 사람을 어떤 사람이라고 규정지었나요?

→ 어떤 모임에서 만난 동생이 있었습니다. 예상치 못한 말과 행동, 나와 너무 다르게 살아온 모습 같아서 신기하기도 하고 당황스럽기도 했습니다. 그 친구는 내가 갖고 있는 좋지 않은 고정 관념(일을 하지 않는 사람은 사회를 잘 알지 못한다.)이라는 분류함에 들어가서 나에게 도움이 되지 않는, 거리를 두고 싶은 사람이라고 규정지어 버렸습니다. 하지만 잘못된 판단이었다는 걸 시간이 지나고 깨달았습니다.

Q) 나는 어떤 키워드가 들어오면 부정적인 감정(화, 짜증 등)이 확 솟아남을 느끼나요? 그런 반응이 나오는 원인은 뭘까요?

→ 부정적인 키워드, 나를 무시하거나 내 행동에 대해 부정적인 의견이 들어간 말을 들으면 화가 납니다. 늘 좋은 피드백을 받고 싶은 마음과 내가 생각한 대로 통제가 안 되는 것 때문에 그런 것 같습니다.

Q) 친해지고 싶은 사람이 있나요? 그렇다면 거리들을 조금 넓혀 보는 건 어떨까요? 친해질 수 있을지 고민해 보세요!

→ 일하다가 만난 아주 친절한 고객사 담당자를 만났습니다. 함께 밥 먹으며 이야기를 나누다 보니 생각하는 부분이 비슷하고 아이를 양육하는 가치관도 잘 맞는 것을 느꼈습니다. 일하면서 서로 많은 부분을 도와줄 수 있을 것 같아 함께 차를 마시면서 서로의 일상을 조금씩 공유하면서 거리를 좁힐 수 있을 것 같습니다.

내 마음속의 플로우, 안 들리니…?

[상황 그리고 대화]

　영수와 혜림이는 대학교 선후배 사이에서 연인으로 발전하여 4년째 만남을 이어 왔습니다. 둘은 데이트할 때마다 맛집을 찾아다니는 것을 좋아했죠. 전국 곳곳을 여행하며 맛집 리스트를 작성할 정도로 맛있는 음식에 진심이었습니다. 두 사람은 취직 이후 주말에 만나 데이트를 하곤 했습니다. 그러던 어느 날, 둘은 영수의 출장으로 정말 오랜만에 데이트를 하였습니다. 영수는 본인 때문에 오랫동안 못 만난 것에 대한 미안한 마음에 몇 달 전부터 혜림이가 계속 가 보자고 하던 장어덮밥집에 갔다가 맛있는 파이 가게에 가고자 계획을 세웠습니다.

영수: 자기야, 드디어 장어덮밥을 먹으러 간다! 설렘, 설렘.
혜림: 엄청 가고 싶긴 했는데. 근데 지금 조금 늦어서 웨이팅이 길 것 같은데….
영수: 흠, 일단 한번 가 볼까?
(장어덮밥집 앞, 웨이팅 45번을 받아 든 혜림)

혜림: 자기야… 정말 먹고 싶긴 한데. 이건 아닌 거 같아.

영수: 와, 무슨 아침부터 이렇게 웨이팅이 기냐…. 정말 맛집은 맛집인가 보다.

혜림: 자기야, 나 너무 배고파…. 우리 그냥 저번에 갔던 그 우동집 갈까?

영수: 자기야. 여기까지 왔는데. 우리 오랜만에 맛집 투어잖아! 오늘은 먹고 가자!

혜림: 근데 두 시간은 기다려야 할 것 같은데?

영수: 아냐. 그만큼은 안 걸릴 것 같아!

혜림: 기다리다가 나 기절하겠어. 아침도 안 먹고 왔단 말이야….

영수: 으이그. 내가 아침 꼭 챙겨 먹으라고 했잖아!

혜림: 아니, 아침 먹을 시간이 없는 걸 어떻게 해….

영수: 그래도 오늘은 먹었어야지. 내가 어제 저녁에도 얘기했잖아!

혜림: 자기가 빨리 나오라며!

영수: 그럼 일찍 일어나서 준비를 하지 그랬어.

혜림: 아, 정말…. 나 너무 피곤해. 내가 주말까지 출근하듯이 일어나서 그래야 돼? 그냥 오늘은 좀 편하게 데이트하자고 했잖아.

영수: 나도 피곤해. 그래도 널 위해서 계획한 거야. 네가 예전부터 먹고 싶다고 했잖아!

혜림: 네가 바쁘다고 한 달 가까이 만나지도 못했는데 왜 또 네 맘대로야? 심지어 나는 지난주 내내 야근하고 주말 출근까지 했는데! 모처럼 쉬는 하루 좀 편하게 보내야 하는 거 아냐?

영수: 네가 좀 일찍 일어났으면 일찍 와서 덜 기다리고 먹을 수 있었잖아. 왜 내 탓만 하는데?

혜림: 늦게 일어난 것도, 아침 안 먹은 것도, 못 기다리는 것도 다 내 탓이야?

영수: 아니 그게 아니라…. 아냐. 그냥 아무거나 먹자.
혜림: 너무 피곤하다. 집에 가고 싶네.
영수: 하….

[대화 들여다보기]

　여러분도 평소에 이런 경험 많이 있으시죠? 사소한 계기로 인해 쉽게 감정이 틀어져 서로에게 하지 말아야 할 말들을 내뱉는 경우도 많습니다. 어쩌면 누구의 잘못도 아닌데 말입니다. 영수와 혜림이의 대화를 살펴보면 처음에는 크게 문제가 없는 듯이 보입니다. 하지만 맛집 웨이팅 번호 45번을 받아 든 순간부터 갈등이 조금씩 피어납니다. 만약 웨이팅이 없었고 맛있는 장어덮밥을 먹고 나왔다면 둘은 큰 문제가 없었을까요? 그럴 수도 있고, 그렇지 않을 수도 있겠죠. 그렇다면 각자의 사정을 알아볼 필요가 있습니다.

　여러분은 '영수가 오랜 출장으로 한동안 못 만나서 혜림이가 화가 난 건 아닐까?'라고 생각하실 수도 있습니다. 혜림이 마음속에 그러한 부분도 있을 수 있습니다. 하지만 혜림이는 영수가 출장 간 시간 동안 영수가 생각나지 않을 만큼 엄청나게 바쁜 시간을 보냈습니다. 새로 맡고 있는 프로젝트가 마무리 단계에 있어 처리해야 할 일들이 엄청 많았고, 팀장님이 바뀌셔서 면담과 업무 보고서를 작성해야 했고, 새로 입사한 신입 사원의 멘토를 맡아 여러 가지 업무도 가르쳐 줘야 했습니다. 사실 영수를 만나지 못한 한 달의 시간이 어떻게 흘러갔는지도 모를 정도였으니까요. 야근에 주말 출근까지 혜림이는 몸과 마음이 정말 지쳐 있었습니다. 만나기로 한 날도 정말 오랜만의 휴일이었지만 영수를 위해 나간 거였으니까요. 혜림이는 매일 듣는 부정적 피드백에 지쳐 있었습니다. 고객사도 팀장님도 내 맘 같지 않은 신입 사원까지 혜림이의 마음속에는 욕을 하고 싶은 충동이 한 바가지였습니다. 꾹꾹 눌러 담고 있었죠. 그런 혜림이의 정서는 당연히 빨간 플로우였습니다. 경고음이 삐용삐용 울리고 있었죠. 그런 상황에서 영수를 만나러 간 거였습니다. 그러니 어쩌면 영수와의 대화에도 경고음이 삐용삐용 울릴 수밖에 없었던 것입니다. 그리고 혜림이의 힘든 불씨를 더 활활 타오르게 한 이유 중 하나는 혜림이가 지금 배가 너무 고프다는 사실입니다. 어제 저녁도 대충 먹고 아침도 못 먹고 나와 그동안 힘들었던 정신과 신체적 배고픔이 혜림이의 기분을 더 악화시킨 것입니다. 몸과 마음은 연결되어 있으니까요.

영수 역시 계속되는 출장으로 엄청난 피로감을 느끼고 있었습니다. 3주 동안 전국 각지에 있는 지사에 상사를 모시고 다녀야 하는 강행군이었습니다. 사실 출장을 떠나기 전 혜림이가 먹고 싶다는 장어덮밥집에 함께 가지 못한 것이 마음에 걸렸습니다. '출장을 다녀오면 꼭 함께 그곳에 가야지.' 하는 마음을 먹고 있었습니다. 본인도 엄청 피곤해서 쉬고 싶었지만 시간을 효율적으로 쓰면 맛있는 것도 먹고 편안한 데이트도 할 수 있을 거라고 생각했습니다. 매일 녹초가 되어 숙소에 들어오면서 혜림이랑 통화를 했습니다. 영수가 하루 동안의 일과를 이야기하면 혜림이는 피곤하겠다고 얼른 쉬라고 자신을 위해 이야기해 주었지만 정작 영수는 혜림이가 피곤한지 힘든 일이 있는지 물어보지도 않았습니다. 그래서 혜림이가 어떤 상황에 놓여 있는지는 잘 몰랐지만 그녀를 위해 맛집 데이트를 하고자 했던 것이죠! 하지만 데이트의 시작부터 삐걱거렸습니다.

둘의 대화를 보면 큰 문제가 없는 것처럼 보일 수 있습니다. 흔하게 볼 수 있는 대화니까요. 하지만 이런 식의 대화가 반복된다면… 서로의 관계가 부정적으로 변하는 작은 불씨가 될 수 있습니다. 그리고 어쩌면 이미 지나온 시간 속에서도 이미 그 불씨들이 모여 꽤 큰 불이 되었을 수도 있죠. 이러한 문제는 서로의 정서를 읽어 내지 못하고 서운한 감정과 억울하고 화가 나는 감정들이 뒤얽혀 언젠가 '빵!' 하고 대형 사고를 몰고 옵니다.

정서라는 것은 내가 느끼고 있는 다양한 감정과 생각들이 모여서 만들어 냅니다. 정서는 그 사람이 최근 느끼고 있는 어떤 '플로우(흐름)'라고 이야기할 수 있습니다. 다양한 느낌과 감정들이 모여 하나의 큰 흐름을 생성하고 있는 것이 정서의 '플로우'라고 할 수 있습니다. 혜림이가 느꼈던 작은 짜증 구름, 분노 구름이 모여 현재 비를 내리고 있는 것처럼요.

혜림이의 최근 정서 상태를 색으로 이야기해 보자면 짙은 빨간색이었습니다. 노래로 이야기하자면 격한 힙합 정도? 그런 상황에 더 빨리 준비하지 않았기 때문이라고 이야기하는 영수의 말이 격한 힙합의 플레이 버튼을 눌러 버린 거죠. 만약 영수가 혜림이의 빨간 마음을 알고 있었다면 장어덮밥집에 가자고 하기보단 집에서 배달 음식을 시켜 먹으며 영화 보는 편안한 시간을 보내자고 했을 수 있습니다.

영수의 정서 색깔은 어땠을까요? 갈색? 남색? 영수의 정서도 그렇게 밝은 색은 아닐 거라고 생각합니다. 하지만 영수는 자신이 좀 희생했다고 생각했겠죠? 혜림이의 상황을 몰랐으니까요. 만약 영수의 정서가 밝은 초록쯤 되었다면 혜림이를 좀 달래서 핫도그 하나씩 먹으면서 유튜브 보면서 차에서 기다려 보자고 했을지 모릅니다. 혜림이도 영수가 힘든 상황 속에서도 자신을 위해 많은 신경을 썼다는 것을 알았다면 바로 그런 말들을 내뱉지 않았을 것입니다.

서로의 호칭이 자기에서 너로 바뀌는 순간 서로의 정서는 더욱 삐용삐용 경고음이 울렸을 겁니다.

이렇게 짜증, 불안, 호기심, 감사와 같은 느낌들은 서로의 커뮤니케이션에 많은 영향을 미칩니다. 그래서 우리는 커뮤니케이션을 할 때 상대방의 정서를 파악하고 그에 적합한 말과 행동을 해야 갈등을 피하거나 줄일 수 있습니다. 그리고 자신의 정서 상태에 대해 상대방에게 이야기해 줌으로써 스스로 알아차리기 어려운 사람과의 원활한 커뮤니케이션을 하는 방법도 있습니다.

[심리학 힌트]

감정들이 모여 이루는 정서가 반영된 커뮤니케이션

[심리학으로 들여다보기]

　기분이 좋으면 무슨 이야기를 들어도 괜찮습니다. 반면에 기분이 나쁘면 칭찬을 들어도 잠깐 기분이 좋을 뿐 금방 사라져 버립니다. 정서는 커뮤니케이션을 할 때 깔리는 배경 음악과 같은 역할을 합니다. 대화의 분위기를 조성하기도 하고 대화를 좋은 방향 혹은 나쁜 방향으로 이끌기도 하죠.

　정서는 사람들의 심장 박동, 땀 그리고 말의 속도나 어조, 표정 변화, 몸짓 등을 통해 밖으로 나타납니다. 강한 정서를 느낄 때는 신체적 변화를 동반합니다. 그리고 많은 연구들에서 표정, 몸짓과 같은 비언어적 표현들이 술을 마시면 더 잘 드러난다는 것을 입증하고 있습니다. 친구가 밝은 표정을 하고 있다면 이 친구는 긍정 정서를 느끼고 있다고 판단할 수 있지만 정확히 어떤 감정인지는 알 수 없습니다. 반대로 축 처진 어깨와 한숨 쉬는 친구가 있다면 이 친구가 슬프거나 걱정스러운 일이 있다고 짐작할 수 있지만 이 또한 정확히 어떤 일이 있는지는 알 수가 없습니다.

　정서를 소통하는 데 비언어적 행동이 강력한 방법일 수 있지만 사실 정확한 전달을 위해서 상황에 적합한 단어를 사용하는 것이 더 효과적입니다. 정서에는 강도가 있어서 차이를 표현하는 적절한 단어를 찾는 것도 중요한 일입니다. 혜림이의 경우 그냥 피곤하다는 말뿐이었습니다. 영수가 그 말만 듣고 혜림이의 정서 상태를 모두 알아채기는 어려웠겠죠? 영수도 마찬가지로 자신의 상태에 대해 구체적으로 언급한 단어는 찾아볼 수가 없습니다. 혜림이가 지난 몇 주 동안 직장 생활로 인해 굉장히 짜증이 났고 그 이유에 대한 것들을 사전에 영수와 공유했다면 상황은 훨씬 더 나아지지 않았을까 생각합니다. 영수도 마찬가지입니다.

부부간에도 이런 상황이 자주 나타납니다. 맞벌이이거나 아내가 가정주부인 경우 이들은 서로가 어떻게 하루를 보냈는지 알 수가 없습니다. 바쁘게 시간을 보내고 저녁에 집에서 만나면 자신도 모르게 짜증을 내거나 화를 내는 경우가 있습니다. 만약 여러분이라면 상대방이 집에 들어오자마자 짜증 섞인 투로 말을 걸면 어떤 마음이 들까요? 내가 긍정적인 정서를 갖고 있다면, 오늘 하루가 힘들지 않았다면 "무슨 일 있어?"라고 이야기할 수 있겠지만 힘든 정서를 갖고 있다면 "대체 뭐가 문제야!"라고 쏘아붙이듯이 말할 수 있겠죠. 서로의 정서는 대화의 밑바닥에 깊이 깔려 있다고 생각하시면 좋을 것 같습니다. 본인의 정서를 적절하게 이야기할 수 없는 사람들은 사회적 고립이나 불만족스러운 관계, 불안과 우울, 잘못된 공격성 등의 특성을 띄는 걸 연구자들은 파악해 왔습니다.[6] 그래서 정서 소통이라는 것이 커뮤니케이션에 있어서 많은 영향을 주기도 하고 더 나아가 그 사람의 삶까지 영향을 주기도 합니다.

정서라는 것은 나와 내 옆에 있는 사람뿐만 아니라 함께하고 있는 사람들에게도 쉽게 전파됩니다. 이것을 '정서적 전염'이라 부릅니다. 혹시 우리 부서에 좋은 일이 있어서 모두가 기분 좋은 느낌을 가진 경험이 있으신가요? 아니면 가족 중에 누군가 다쳐서 우울한 정서를 경험한 적이 있으신가요? 아마 여러분이 모르는 사이에 긍정 정서든 부정 정서든 스며들어 내 마음속에 자리하고 있을 가능성이 높습니다. 그런 이유로 같

---

6) 안신호, 이승혜, 권오식. (1993). 정서의 구조. 한국심리학회지: 사회 및 성격, 7(1), 107-123.

은 집단에 소속되어 유대감을 갖고 있는 사람들의 정서를 판단할 때 그 중 한 명의 특정한 사람의 정서를 알기 위해서는 그 집단의 정서를 고려해야 한다는 연구 결과가 있습니다.[7] 예를 들면 프로 야구에서 두산 베어스라는 팀은 늘 분위기가 좋아 상위권 성적을 유지한다고 판단하는 사람들이 많습니다. 그렇다면 그 팀의 감독 혹은 대표 선수는 긍정 정서를 갖고 있을 거라고 판단하는 것과 같은 것입니다. 여러분의 팀은 혹은 여러분의 가족의 요즘 정서 상태는 어떤가요? :-) 인가요? :-(인가요?

커뮤니케이션뿐만 아니라 나의 긍정적인 삶을 위해서라도 스스로의 정서를 관리해야 합니다. 정서 지능은 삶의 안정성과도 연결되어 있습니다. 정서 지능이 높다는 것은 건강한 삶을 살 수 있다는 것을 의미합니다. 더 나아가 나와 타인과의 효과적인 관계 유지와 성공적인 대화를 위해서도 타인의 정서까지 잘 알아챌 수 있는 정서 지능이 필요합니다.

내 주변에 정서 지능이 높은 사람을 떠올려 볼까요? 스트레스를 잔뜩 받는 상황에서도 동료가 특별히 힘든 부분이 없어 보였다면 그 사람은 그런 부정 정서에 압도당하지 않고 본인의 정서를 잘 지킬 수 있는 정서 지능이 높은 사람입니다. 그리고 나의 감정이나 느낌을 잘 읽고 그에 적합한 말과 행동을 하는 사람이 있다면 정서 지능이 높은 사람이겠죠? 반대로 사소한 일에도 자주 짜증을 내거나 화를 내는 사람이 주변에 있나요? 아니면 내 정서는 무시하고 자신의 생각대로만 말하는 사람이 있다면 그 사람은 정서 지능이 높지 않은 사람일 것입니다. 그렇다면 여러분은 어떠신가요? 나 스스로의 정서를 잘 이해하고 있나요? 부정 정서가

---

[7] 이정수. (2021). 나누는 즐거움 커지는 즐거움: 얼굴 정서 판단에 미치는 집단 소속의 조절 효과. 한국심리학회 학술대회 자료집, 117-117.

흐르고 있을 때 관리를 해 주고 있나요? 다른 사람들의 정서를 얼마나 알아차릴 수 있나요?

정서를 잘 표현하고 갈등을 최소화하는 긍정적인 커뮤니케이션을 하기 위한 보편적인 방법은 없습니다. 사람마다 성격이 다르고 살아온 환경, 문화적 배경, 성별 등 대화는 다양한 영향을 받기 때문입니다. 그렇다면 어떻게 해야 효과적으로 자신의 정서를 표현할 수 있을까요?

첫 번째로 자신의 정서, 현재 어떤 느낌을 느끼고 있는지 알아내야 합니다. 한 연구에서 자신이 경험한 부정 정서(슬픔, 부끄러움, 화난)를 정확하게 찾아내는 대학생들은 정서 관리를 하기 위한 최고의 전략도 갖고 있다는 것이 밝혀졌습니다.[8] 하지만 누군가 "기분이 어때?"라고 물었을 때 쉽게 답변할 수 있는 사람은 많이 없을 것입니다. 그렇다면 앞에서 이야기한 것처럼 신체적인 변화가 나타났는지, 자신의 표정이나 몸짓을 거울로 확인해 본다면 자신의 정서에 대한 단서를 찾을 수 있습니다.

두 번째로는 내가 생각한 느낌이나 감정들을 상대방에게 말해야 하는지를 판단하고 구체적인 어휘로 표현하는 것입니다. 어떤 느낌이 든다고 해서 무조건 다 말해야 하는 건 아니니까요. 그렇다고 해서 또 모든 걸 말하지 않으면 갈등 상황이 분명 발생할 가능성이 높습니다. 그러고 나서 내가 현재 어떤 기분이라는 것을 적절한 단어로 표현해야 합니다. 하지만 우리는 보편적으로 쓰는 몇 가지 단어 외에 잘 사용하지 않습니다. 하늘을 이야기할 때 "그냥 파란색이야."라고 이야기하는 것처럼요. 사실 하늘은 전체적으로 보면 파란색이지만 자세히 보면 초록, 빨강,

---

8) Barrett, L. F., Gross, J., Christensen, T. C., & Benvenuto, M. (2001). Knowing what you're feeling and knowing what to do about it: Mapping the relation between emotion differentiation and emotion regulation. Cognition & Emotion, 15(6), 713-724.

노랑이 섞여 있기도 한데 말입니다. 그래서 자신이 말하고 싶은 느낌을 하나의 단어로 이야기한 뒤 나에게 어떤 일이 생겼는지, 그리고 내가 어떻게 하고 싶은지를 이야기해 주면 좋습니다. 예를 들어 "나는 행복해서 기분이 너무 좋아. 너를 안아 주고 싶어." 하고 말입니다.

오늘 중요한 이야기를 누군가에게 하고자 한다면 먼저 그 사람의 정서 플로우부터 파악해 보세요. 그리고 내가 자꾸 부정적인 말을 하고 있다면 내 플로우는 왜 이렇게 흘러가고 있는지 한번 체크해 보시기 바랍니다. 어쩌면 다른 누군가의 헤비메탈 플로우가 나에게 스며들었을 수도 있구요. 만약 이 상황에서 잔잔한 발라드 플로우로 가고 싶다면 원인을 알고 나를 수용하고 구체적으로 표현해야 합니다. 정서는 커뮤니케이션의 배경 음악이라는 것을 잊지 마세요!

[심리학으로 생각하고 말하기]

Q) 최근 갈등이 발생한 경험이 있다면 그 당시 나의 정서는 어땠을까요? 그리고 상대방의 정서는 어땠을까요?

→ *직장에서 선배와 트러블이 있었습니다. 생각해 보면 그날 아침부터 지하철이 연착되어 지각을 하고 갑자기 비가 내려 옷이 젖었으며 사내 프로그램에 오류가 나서 업무를 진행할 수가 없었습니다. 그래서 좀 기분이 안 좋은 상태였는데 선배로부터 무시하는 듯한 발언을 듣고 분노가 폭발했어요. 그냥 듣고 넘겼어도 됐는데⋯. 그날 선배도 업무가 지연돼서 좀 기분이 안 좋은 상태였던 것 같습니다.*

Q) 나의 정서 지능은 얼마나 될까요? 100점 만점일 때 어느 정도일지, 또 왜 그렇게 생각하는지 말해 보세요.

→ *나의 정서 지능은 87점! 사람들의 정서 분위기를 잘 알아채는 편입니다. 그리고 내가 현재 어떤 기분인지를 파악하려고 합니다. 말이나 행동이 부정적일 때 재빨리 나의 기분을 알아채고 상대방에게 감정 섞인 말과 행동을 하지 않으려고 노력합니다.*

Q) 다음과 같은 정서 표현 중 나는 얼마나 다양하게 정서를 표현하고 있는지 생각해 보세요. 그리고 영수 혹은 혜림이의 입장에서 느낄 수 있는 정서를 골라 보세요! (아래의 단어들로 나의 감정을 구체적으로 표현해 보세요.)

두려운	걱정이 있는	기진맥진한	서두르는	긴장한	성적인
악화된	자신감이 있는	무서운	상심한	마비된	떨리는
깜짝 놀란	혼란스러운	질린	발작적인	낙관적인	충격적인
양가적인	만족하는	가만히 못 있는	조급한	편집증적인	부끄러운
화난	미친	우쭐해하는	인상적인	열정적인	미안한
성가신	패배한	어리석은	어색해하는	평화로운	강한
불안한	방어적인	허망한	불안정한	비관적인	놀란
냉담한	아주 기뻐하는	자유로운	흥미 있는	장난기 많은	가라앉은
창피한	우울한	친근한	겁을 내는	기뻐하는	의심스러운
수줍음을 타는	분리된	낙담한	짜증을 내는	소유욕이 강한	부드러운
정신이 없는	황폐한	격노한	질투하는	압박을 받는	긴장한
당혹한	실망한	기쁜	아주 기뻐하는	보호하는	공포에 떠는
억울한	혐오감을 느끼는	침울한	게으른	얼떨떨한	피곤한
지루한	매우 불안해하는	고맙게 생각하는	쓸쓸한	상쾌한	함정에 빠진
용감한	황홀해하는	행복한	애정 어린	후회하는	못생긴
평온한	초조해하는	잔뜩 지친	미지근한	안도하는	심란한
성미가 고약한	신이 난	무력한	화난	분개하는	상기된
근심 없는	당황한	우울한	비열한	들뜬	취약한
발랄한	공허한	희망에 찬	비참한	우스꽝스러운	따뜻한
자만심에 찬	열정적인	소름 끼치는	착잡한	낭만적인	약한
차가운	부러워하는	적대적인	굴욕적인	슬픈	경이로운
편안한	흥분된	창피한	방치된	감상적인	걱정되는

우리의 분노는 너무 깊고 오래가…

[상황 그리고 대화]

　제민 씨와 현조 씨는 3년 동안 같은 부서에서 근무하고 있습니다. 점심도 같이 먹고 커피도 같이 마시면서 가까운 관계를 유지하고 있습니다. 제민 씨는 요즘 점점 스트레스가 심해져 힘들었습니다. 사수의 무책임과 팀장님의 과도한 업무 요구, 그리고 승진 시기까지 겹쳐 승진 과정까지 교육받느라 지쳐 가고 있었습니다. 제민 씨는 늘 그렇듯이 현조 씨와 사내 메신저로 이야기를 하고 있었습니다.

현조: 오늘 점심 정말 맛있었다! 역시 점심 먹으러 출근.
제민: 그니까. (웃음) 오늘 운이 좋았네. 줄도 안 서고 맛있는 수제비집을 성공하다니!
현조: 그러니까 말야! 근데 제민 씨 오늘 엄청 피곤해 보이던데?
제민: 나 지금 이 주째 야근 중. 오늘도 할 예정. 그래도 힘내야지….
현조: 헉. 많이 피곤하겠다. 난 지금 짜증 남.
제민: 왜? 무슨 일 있었어?

현조: 오전에 수석님이 일을 하나 주셨는데 방금 오셔서 왜 안 가져오냐고 난리야. 하. 그럼 빨리 달라고 얘길 하든가.

제민: 수석님은 참. 매번 왜 그러시냐.

현조: 아니 맨날 밥 사 준다고 생색 다 내고 법카로 결제하면서 엄청 좋은 사람인 척하잖아! 그리고는 뒤에서 맨날 쪼고 업무 시간에 맨날 놀러 다님.

제민: (웃음) 원래 일은 하는 사람만 함.

현조: 내 말이.

제민: 하, 나는 요즘 야근도 야근인데 지난주에 팀장님한테 엄청 까여 가지고 계속 팀장님 얼굴 보기가 힘드네.

현조: 팀장님이 너무했지. 아니 사람들 그렇게 많은 데서 신입들까지 있는데 왜 그렇게 큰소리로 무안을 주셔?

제민: 그러게 말이다. 자존감 바닥 치는 중….

현조: 나도 팀장님 땜에 자존감 바닥 치는 중.

제민: 현조 씨는 또 왜.

현조: 은근히 사람 돌려 깐다니까. 어제도 저녁 먹는데 나보고 "참 피곤하게 사네." 이러면서 뭐 어쩔.

제민: 팀장님 말하는 게 그런 스타일이니 뭐 그냥 냅 둬! 안 그럼 나만 너무 피곤.

현조: 어휴, 그래야지. 내가 뭐 힘이 있겠니.

제민: 우리도 언젠가 높은 위치에 올라가게 되면 말야. 저렇게 살진 말자.

현조: 우리는 안 그럴걸?

제민: 그건 모르는 거지. 늘 정신 차리고 있어야 해!

현조: 높은 위치고 나발이고 이 회사를 언제까지 다녀야 할지도 모르겠다.

제민: 그러는 사람이 제일 오래 다닌대.

현조: 윽, 너무 싫다.

제민: 난 회의 있어서 이제 가 봐야겠다. 수고해!

현조: 응, 수고해!

[대화 들여다보기]

    사내 메신저나 카카오톡으로 제민 씨나 현조 씨처럼 많은 분들이 뒷담화를 하실 거라고 생각합니다. 사실 그 덕분에 힘든 회사 생활을 버티는 걸 수도 있죠. (실제 힘든 마음을 나눌 사람이 있으면 힘듦이 줄어든다는 것을 느낄 수 있습니다.) 하지만 제민 씨는 여러 가지로 힘든 상황에서 오늘 현조 씨와 대화를 하면서 깨달은 점이 있습니다. 바로 현조 씨의 부정적 피드백이 과도하다는 것입니다. 그렇다면 현조 씨는 왜 오늘 투덜이 스머프가 되어 버렸을까요? 혹시 지금 옆에 투덜이 스머프 한 분이 계시진 않나요? (혹은 내가 투덜이가 되어 버렸거나요.) 그래서 이번에는 이렇게 부정적인 요소들이 커뮤니케이션에 어떻게 작용하는지 한 번 알아보려고 합니다.

    먼저 현조 씨를 살펴볼까요? 현조 씨에게 언급된 사람들을 차례대로 살펴보면 먼저 수석님의 피드백이 기분 나빴습니다. 그리고 다음은 팀장님의 말이었네요? 두 사람의 말이 듣기에 기분 좋은 말은 아니었습니다. 수석님과 팀장님의 피드백은 현조 씨 마음속에 콕 박혀 빠져나가질 못하고 있습니다. 이후에 제민 씨와 맛있는 점심도 먹고 기분 좋은 일이 있었지만 시간이 지날수록 부정적인 마음만 남아 있었습니다. 왜 그럴까요?

우리의 마음속에는 다양한 감정들이 들어 있습니다. 앞에서 말씀드린 정서에 관련된 부분처럼 긍정적 혹은 부정적인 정서들이 커뮤니케이션에 영향을 줍니다. 그중 부정적인 것이 긍정적인 것보다 훨씬 깊고 오랫동안 마음속에 남습니다. 기분 좋은 말들은 입속에 넣으면 녹아 버리는 마시멜로처럼 금방 사라지지만 속상한 말들은 마음속에 생채기가 되어 사라지기까지 시간이 걸립니다. 그렇기 때문에 현조 씨는 지금 투덜이 스머프가 되어 버린 겁니다. 마음속 생채기가 여러 개 생겨 버렸거든요. 물론 현조 씨는 오늘만 그럴 수도 있고 태생적으로 투덜이 스머프일 가능성도 있습니다. 뭐 어쨌거나, 부정성의 힘은 강력합니다. 오전부터 오후까지 종일 현조 씨의 기분을 엉망으로 만들고 있으니까요.

제민 씨도 내색을 많이 하진 않았지만 요즘 부정적인 힘에 많은 지배를 당하고 있어 괴로워하고 있었습니다. 제민 씨는 스트레스를 받아도 금방 헤쳐 나가는 편이었습니다. 지금까지 수년간 일하면서 받는 스트레스를 현조 씨 같은 동료와의 수다나 친구와의 술 한잔, 업무적인 성과, 긍정적 피드백들로 잘 풀어 나가고 있다고 생각했습니다. 그리고 팀장님과 동료들에게 업무 수행을 잘한다는 인정을 받고 있어서 긍정적인 마인드로 직장 생활을 잘하고 있다고 생각했습니다. 간혹 사수에게 부정적인 말을 듣거나 팀장님께 혼이 나도 더 좋은 피드백을 많이 생각하면 부정적인 말들이 금세 사라지는 것 같았습니다.

하지만 최근에는 힘든 일들만 지속적으로 일어나고 있었습니다. 사수와 함께 진행하고 있는 업무에서 발생한 문제에 대한 사수의 책임을 회피하는 태도와 그로 인한 어려움. 자신의 업무 범위를 벗어난 팀장님의 업무 요구. 승진을 위한 교육 과정 이수까지 웃을 날이 없는 나날들이 이어지고 있었습니다. 번아웃인가 싶기도 하고 스스로가 너무 지쳐 있다는 생각이 들었습니다.

여기서 우리는 '4의 법칙'으로 제민 씨를 이해해 볼 수 있습니다. 제민 씨는 원래 4의 법칙을 잘 활용하는 사람입니다. 4의 법칙은 1가지의 부정적인 것을 상쇄시키려면 4가지의 긍정적인 것들이 필요하다는 의미입니다. 그런데 요즘 부정적인 것들을 상쇄시켜 줄 만한 신나고 즐거운, 혹은 성취감이 드는 일들이 부족했습니다. 그렇기에 최근 우울한 정서가 지속되고 업무 수행에 있어 성과가 미미하게 나타나고 있었던 것입니다. 그래도 제민 씨는 타고난 긍정성으로 힘들지만 이겨 내려고 노력하고 있습니다. 스스로에게 "그래도 힘내야지."라고 말을 한다거나, 팀장님의 이상한 말들을 귀담아 듣지 않고 흘려버리려고 합니다. 요즘은 긍정을 4개까지 채우지 못하고 있어 더 힘들다고 느끼고 있나 봅니다.

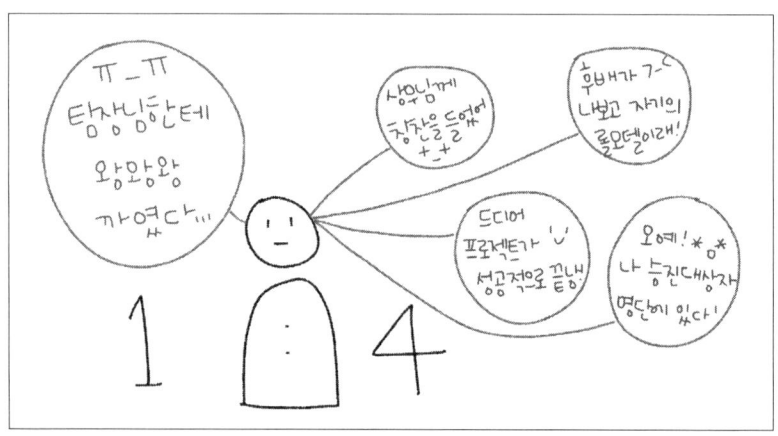

대화를 보면 현조 씨와 제민 씨는 평소보다 최근 들어 더 우울하거나 짜증 나는 말투로 이야기할 가능성이 높습니다. 하지만 우리가 부정적인 힘이 강력하다는 것을 알기만 해도 '아! 이게 지금 내 마음에 생채기를 내서 그렇구나! 그렇다면 마시멜로를 찾아봐야지.' 하고 생각만 해도 여러분의 짜증과 분노를 조금 더 쉽게 날려 버릴 수 있습니다.

[심리학 힌트]
　콕 박혀 빠지지 않는 부정적인 말들이 미치는 영향

[심리학으로 들여다보기]
　우리의 뇌가 부정적인 사건을 긍정적인 것보다 더 강력하게 영향을 미치는 경향을 '부정성 편향'이라고 합니다. 현조 씨와 제민 씨도 그러한 부정성 편향을 보이고 있는 것이죠. 강 수석님이 칭찬 1과 지적 1을 했다면 현조 씨는 지적 1만 기억할 확률이 높습니다. 물건을 살 때 좋은 후기보다는 나쁜 후기에 눈길이 더 가고, 그 나쁜 후기에 '이 후기가 도움이 됐어요!'를 클릭한 경험 역시 같은 이유입니다. 지독하게 나쁜 첫인상이 좋은 첫인상보다 더 강렬하게 기억에 남는 것 또한 부정성 편향 때문입니다.

　부정성 편향이 커뮤니케이션에서 어떻게 작용하는지 살펴볼까요? 함께 일하는 사이에는 부정적 피드백이 그 사람의 정서를 해치고 동기를 떨어뜨려 업무 효율을 해칠 수 있습니다. 지금 제민 씨처럼 말이죠. 그리고 현조 씨처럼 부정적 정서를 지속적으로 내뿜어 팀 전체에 부정 정서의 영향을 줄 수도 있습니다. 부정적인 말을 지속해서 듣고 싶은 사람은 아무도 없을 것입니다. 그럼에도 불구하고 부정적 피드백은 우리가 살아가면서 안 할 수 없는 필요한 부분입니다. 따라서 어떻게 하면 부정성 편향을 활용할 수 있을지, 필수적으로 주고받을 수밖에 없는 부정적인 말을 어떤 식으로 해야 하는지 이야기해 보려고 합니다.

먼저 현조 씨처럼 부정적 피드백을 받으면 어떻게 해야 할까요? 아니면 반대로 여러분이 부정적인 피드백을 할 수밖에 없는 입장이라면 어떻게 하시겠어요?

먼저 듣고 싶지 않은, 하고 싶지 않은 피드백이라도 서로에게 도움이 된다는 사실을 알아야 합니다. 비판적인 피드백이 필요한 이유는 분명히 존재합니다. 누군가 여러분의 실수를 지적해 주지 않는다면 스스로 깨닫고 동기 부여 할 수가 없으며 무언가를 배우면서 나아갈 기회가 없기 때문입니다. 칭찬이 고래도 춤추게 하지만 어쩌면 고래한테 "너, 춤이 박자가 좀 안 맞는데?"라고 이야기하는 것이 고래가 춤을 더 잘 출 수 있도록 하는 더 강력한 방법인 것입니다.

여러분이 현조 씨와 같은 피드백을 받았다면 어떤 생각으로 어떤 대답을 하셨을까요? 강력한 부정의 힘을 내 안에 받아들이지 않으려면 피드백에 대한 해석을 잘해야 합니다. 대부분의 부정적 피드백은 부정 감정이 담겨 있을 확률이 높습니다. 그런 감정에 휘둘리지 않고 답변하는 것이 좋겠죠? 그리고 피드백 안에 들어 있는 사실이 무엇인지 판단한 후에 그에 대한 답변이 필요합니다. 어쩌면 '듣기'의 중요한 부분인 그 사람이 말하는 의도를 찾는 것도 대안이 될 수 있습니다.

내가 부정적 피드백을 해야 하는 입장이라면 어떻게 해야 할까요? 우선 피드백을 받는 대상에 따라 어떻게 해야 할지 전략이 달라질 수 있습니다. 피드백을 해야 하는 대상이 성격은 어떤지, 어떤 정서를 갖고 있는지, 어떤 방식의 피드백을 했을 때 원하는 결과가 나오는지 탐색을 하고 전략을 짜야 합니다. 부정적 피드백을 하는 경우 단순히 내 입장에서 내가 느끼는 것을 하는 경우가 많기 때문에 정말 상대방에게 도움이 될 만한 부분을 감정을 배제한 채 사실 위주로 전달해야 합니다. 그리고 피드백의 목적을 잘 생각해 봐야겠죠? 만약 부정적 피드백과 긍정적 피드백을 섞어서 하는 경우, 순서와 비율이 꽤 중요합니다. 받아들이는 사람에 따라 부정 정서와 긍정 정서의 비율이 다르게 나타날 수 있지만 대체적으로 긍정적 피드백 대 부정적 피드백이 4:1일 때 받아들이는 사람의 스트레스가 낮고 수행이 유의미하게 증가한다는 것을 알 수 있습니다.[9] 만약 반대로 부정적 피드백이 더 많을 경우(4:1) 스트레스가 높고 받아들이는 정도가 낮았습니다. 부정적인 것을 이겨 낼 수 있는 4:1 법칙과 동일하게 작용합니다. 앞서 제민 씨가 그렇게 지내 왔던 것처럼요. 보편적으로는 4:1의 법칙을 적용할 수 있지만 이것은 사람마다 조금 다를 수 있습니다. 어떤 사람은 3:1이여도 충분할 수 있고 어떤 사람은 5:1로도 부족할 수 있습니다. 내가 하나의 부정을 감당하기 위해 어느 정도의 긍정이 필요한지도 알면 스스로에게 도움이 될 수 있습니다.

여러분은 혹시 지금 누군가에게 부정적 피드백만 쏟아붓고 있지는 않으신가요? 그렇다면 상대방에 대한 탐색과 4:1 법칙, 그리고 내가 과거

---

9) 임성준, 문광수, 이계훈, 조항수, 오세진. (2016). 긍정적 피드백과 부정적 피드백의 상이한 제공 비율이 수행과 지각된 스트레스, 피드백 수용도에 미치는 영향. 한국심리학회 학술대회 자료집, 263-263.

에 받았던 부정적 피드백을 한번 떠올려 보시는 건 어떨까요? 우리는 인간이기 때문에 누구나 실수를 하면서 살아갑니다. 그래서 어떻게 하면 더 잘할 수 있는지, 발전할 수 있는지를 지속적으로 배워 나가야 합니다. 여러분 주변 누군가의 실수를 발전으로 바꿔 줄 수 있는 가장 효과적인 방법이 부정성 편향을 적절하게 활용하는 것입니다.

[심리학으로 생각하고 말하기]

Q) 지금 내가 어떤 기분을 갖고 있는지 생각해 보고 긍정적인 부분과 부정적인 부분이 몇 대 몇인지 생각해 보세요! 감정이 나타날 때마다 종이에 적어 하루의 감정들을 개수로 세어 긍/부정을 판단해 보세요!

→ 오늘의 기분: 긍정(후배에게 인정받음)

　　　　　　　 부정(일이 계획대로 안 됨, 아들에게 소리 지르고 죄책감 느낌, 별거 아닌 일에 자꾸 짜증이 남)

총평: 모든 기분을 헤아릴 순 없지만 나쁘지 않은 하루였음.
　　　대충 3:1정도의 비율인 것 같음.

Q) 비판적인 피드백을 해야 할 대상이 있다면 내가 이 피드백을 통해 무엇을 전달하고자 하는지, 상대방은 이 피드백을 받으면 어떻게 생각할지, 내가 어떤 느낌으로 이야기하려고 하는지를 먼저 생각해 보고 이곳에 작성해 보세요!

→ 나의 계획

1. 대상: 같은 팀 후배
2. 목적: 사람들이 싫어하는 말버릇이 있어서 개선이 필요.
　　　　본인이 깨달을 수 있도록 이야기가 필요.
3. 대상의 성향: 맘에 담아 두거나 하지 않고 뒤끝 없는 스타일. 자신의 일에서는 완벽하고자 함. 그래서 말버릇이 일부러 그러는 것 같지는 않는 것으로 사료됨.
4. 전략: 잘하고 있는 일들을 먼저 이야기한 후 감정을 배제하고 객관적인 사실, 그리고 그것을 개선하면 긍정적으로 달라질 인식을 함께 이야기해 주는 것이 좋을 것 같음.

놓치기 전에 행복하다고 말해!

[상황 그리고 대화]

　리나 씨와 정은 씨는 아이들이 다니는 유치원에서 만나 가깝게 지내는 사이입니다. 아무래도 같은 나이, 같은 성별의 아이를 키우다 보니 쉽게 공감대를 형성했고 집도 가까워 아이들 등원 후 만나서 운동도 하고 밥도 함께 먹었습니다. 정은 씨가 리나 씨보다 3살 많았지만 둘은 친구처럼 지냈습니다. 리나 씨는 외향적인 성향이고 정은 씨는 내향적인 성향이지만 친해지는 데 그런 부분이 크게 작용하지는 않았습니다. 그러다가 시간이 점점 지나면서 리나 씨는 정은 씨가 조금 안타깝다는 생각을 하기 시작했습니다. 생활 여건은 비슷하지만 생각하는 가치관이나 말과 행동이 자신과 너무 다르기도 했지만 특히 스스로를 불행한 사람이라고 치부해 버리는 것 같았기 때문에 리나 씨는 정은 씨가 안쓰러웠습니다.

리나: 언니! 저번에 주문한 그 돼지갈비 먹어 봤어요? 나 어제 먹었는데 맛있더라. 쉽게 저녁 해결! 행복한 저녁이었습니다!

정은: 아, 그 세 팩짜리? 나도 먹어 봤는데 냄새나서 못 먹겠더라고. 확실히 밖에서 먹는 거랑은 차이가 있어서 난 다 먹지도 못했어….

리나: 진짜? 그래도 냉동치곤 맛있던데?

정은: 난 다신 주문은 안 할 듯.

리나: 그래여. 안 맞으면 안 먹는 거지, 뭐. (웃음)

정은: 어제 남편 회식하고 엄청 늦게 와 가지고 진짜 열불이 난다.

리나: 헉… 형부 또 늦게 왔어요? 그래도 영업직인데 어쩌겠어요.

정은: 세상 모든 영업 혼자 하는 거지. 우리 아들, 아빠 얼굴 본 지가 언젠지…. 난 왜 독박을 할 수밖에 없는 운명인가.

리나: 헤헤. 나도 완전 독박이잖아. 난 이제 그냥 없는 게 편하던데. 저녁밥도 대충해서 아이만 먹이면 되고.

정은: 그거야 그런데. 술 먹고 늦게 오는 꼬락서니가 정말 보기가 싫다. 아주 지긋지긋하다. 내 인생도 지긋지긋하고….

리나: 에이, 왜 그래요. 언니. 그래도 술 먹고 집 잘 찾아오는 게 어디예요.

정은: 이 와중에 우리 어머니는 자기 아들 술 먹고 건강 나빠진다고 한약을 보내오심. 지극정성….

리나: 어머… 형부도 형부지만 언니가 엄청 고생하는 건 안 보이시나 봐.

정은: 아들 밥 잘 챙겨 먹었는지 아들한테 물어봐야지 왜 며느리한테 물어봐.

리나: 대체 시어머니들은 왜 그러실까여…. 전 그럼 "아들한테 전화해 보세요." 하고 바쁜 척하고 끊어요. 그러고 나면 마음이 좀 괜찮아져요.

정은: 리나는 보면 참 대단한 것 같아.

리나: 엥? 제가여? 뭐가여.

정은: 상황이 힘들어도 참 긍정적인 게 보여서 대단하다 싶어.

리나: 아, 화내 봤자 나만 손해더라구요. 그냥 좋게 좋게 생각하려고 늘 노력하는 거죠.

정은: 나는 그게 잘 안 되네. 마음에 여유가 없나 봐.

리나: 그냥 아이나 가족들 안 아프고 건강하게 맛있는 거 먹으면 되는 거 아닐까 싶어요! 그런 게 행복이죠!

[대화 들여다보기]

　많은 사람들이 삶의 목표는 '행복'이라고 이야기합니다. 하지만 일상에서 정작 행복을 놓치고 살고 있다는 기분이 들지 않으신가요? 행복하기 위해 열심히 일도 하고 가족도 돌보지만 정말 중요한 부분은 챙기지 못하고 계시진 않나요?

　리나 씨는 자신의 삶에 대한 만족도가 높습니다. 그리고 자신은 행복한 사람이라고 생각합니다. 아이를 키우고 프리랜서로 일을 하면서 매일 매 순간이 행복한 건 아닙니다. 하지만 아이와 함께 레고를 하는 순간, 남편과 함께 맛있는 걸 먹는 순간, 친구와 여유롭게 맥주 한잔 하는 순간, 좋아하는 일을 하는 순간에 행복한 감정을 놓치고 지나가지 않습니다. 행복한 순간 정신을 번쩍 차리고 행복을 기억하고 넘어가려고 합니다. 그리고 어쩌면 자신은 긍정적인 마인드가 타고나지 않았나 싶을 때도 있습니다. 인생에서 꽤 큰 좌절의 순간. 예를 들면 수능을 망쳤을 때도 어떻게든 자신이 들어갈 대학은 있고 안 되면 재수를 하면 된다고 생각했습니다. 교통사고가 났을 때도 더 크게 다치지 않아 다행이라고 생각하고, 힘든 상황을 마주하여도 스스로 잘될 거라고 믿으니까 일이 잘 풀렸습니다. 그러다 보니 나름 행복한 사람으로 살고 있다고 생각했습니다.

　리나 씨는 주말부부로 살고 있지만 남편에 대한 신뢰감이 높았습니다. 자주 보지 못하지만 서로에 대한 믿음이 컸기 때문에 연락이 잘되지 않을 때도 크게 염려하지 않았습니다. 남편이 집에 돌아오면 모든 행동이 만족스럽지는 않지만 육아나 집안일에 대한 긍정적인 피드백을 주려고 노력했습니다. 남편도 나름대로 애쓰고 있다고 생각했으니까요. 그래서 리나 씨는 행복하다는 말을 자주 합니다. 행복하고 기분 좋다는 생각을 표현함으로써 더 행복해지는 것 같은 느낌이 드니까요!

정은 씨는 자신의 삶이 불만족스러운 사람입니다. 그래서 불평불만도 많을 수밖에 없습니다. '프로 불편러'라고 해도 무방할 정도로요. 매사에 불만이 많습니다. 남편이 영업직이라 매번 술자리 하며 늦게 들어오는 것도, 주변에 아이를 봐줄 사람이 없어 경력 단절이 되어 버린 것도, 혼자 독박 육아를 하는 것도, 시부모님의 잔소리도 일상의 많은 부분이 마음에 들지 않습니다. 리나 씨와 다르게 정은 씨는 남편에 대한 신뢰감이 높지 않습니다. 남편이 영업직이라 고객사를 만나 술을 마시는 자리가 많다 보니 누굴 만나 무얼 하는지 매번 불안한 마음이 듭니다. 그리고 함께하는 시간이 적다 보니 집안일과 육아에 대한 관심이 크지 않은 남편 자체가 불만족스럽습니다. 물론 아이와 함께하는 시간 중 아이가 사랑스러운 말과 행동을 할 때나, 밥을 잘 먹을 때 너무 예쁘고 소중하다고 생각합니다. 하지만 자신이 그동안 그려 왔던 결혼 생활과 현재의 자신의 생활은 너무 다릅니다. 외벌이기 때문에 경제적인 수준도 무시할 수 없고, 일하는 리나 씨를 보면서 부러운 마음이 들기도 합니다. 인스타그램에 아이를 데리고 해외여행을 자주 다니는 (친하지 않은) 친구를 보면서 자신의 삶이 너무 비참하다고 느낀 적도 있습니다.

정은 씨는 겉으로는 행복한 척합니다. 귀여운 아이, 자상하게 보이는 남편 사진을 인스타그램에 업로드하면서 말이죠. 하지만 리나 씨랑 얘기하다 보니 어느 순간 자신의 현실은 그렇지 않음을 깨닫게 되었습니다. 점점 자존감도 낮아지고 웃을 일도 없어졌습니다. 스스로를 돌이켜 봤을 때 만족스러운 부분이 하나도 없었습니다. 나의 목표는 행복하게 사는 거다! 생각은 하지만 남은 삶에서 행복이 나에게 오긴 할까 하는 생각도 듭니다. 앞으로 어떻게 해야 행복한 삶을 살 수 있는지 고민을 하지만 긍정적으로 생각하거나 말버릇을 바꾼다고 해서 달라질 것 같지 않습니다.

행복해지는 커뮤니케이션이라는 것은 딱히 방법이 존재한다기보다는 생각과 말과 행동, 그리고 감정의 컬래버레이션입니다. 리나 씨처럼 긍정적인 생각들이 말을 통해 나오고 그 말을 함으로써 행복한 감정을 느끼는 것처럼요. 정은 씨도 리나 씨처럼 행복한 순간이 분명 많았을 겁니다. 단지 눈치채지 못했을 뿐이죠. 여러분은 어떠세요? 신나고 즐겁고 기분 좋은 순간, 그런 생각이 드신다면 어떻게 표현하시나요?

[심리학 힌트]
　행복한 마음은 생각에서 말로 나오는 순간 확실한 마음으로 변합니다.

[심리학으로 들여다보기]
　행복에는 다양한 요소들이 영향을 미칩니다. 복권 당첨과 같은 특별한 사건, 유전적 요인, 사회 비교, 대인 관계, 사회 경제적 수준 등이 자신이 스스로 생각했을 때 삶이 좋다고 평가할 수 있도록 하는 요인으로 작용합니다.

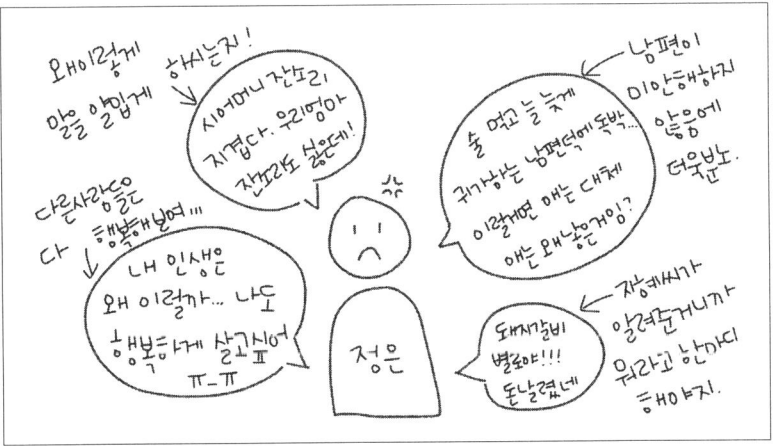

　우리는 일상 중 특별한 사건, 예를 들어 성과급을 받았거나 어려운 시험을 통과하는 것과 같은 경험을 통해 큰 행복감을 느낄 수 있습니다. 하지만 그런 특별한 경험은 자주 일어나지 않고 만약 일어난다 하더라도 그 사건으로 인한 즐거움이 장시간 이어지지는 않습니다. 반면에 일상에서 느끼는 기쁜 순간, 예를 들어 퇴근 후 좋아하는 곱창을 친구와 먹는 순간, 혹은 집에 왔을 때 아이가 웃으며 달려 나와 안기는 그런 작은 순간들을 자주 경험할수록 행복해진다고 합니다. 오랜 시간 유지되기도 하구요. 강렬한 반응보다는 일관성 있는 작은 긍정 경험들이 의미가 있는 것입니다. 그런 면에서 리나 씨는 행복한 순간을 잘 알아챘고 주위 사람들과 행복감을 나누는 의사소통을 하고 있습니다.

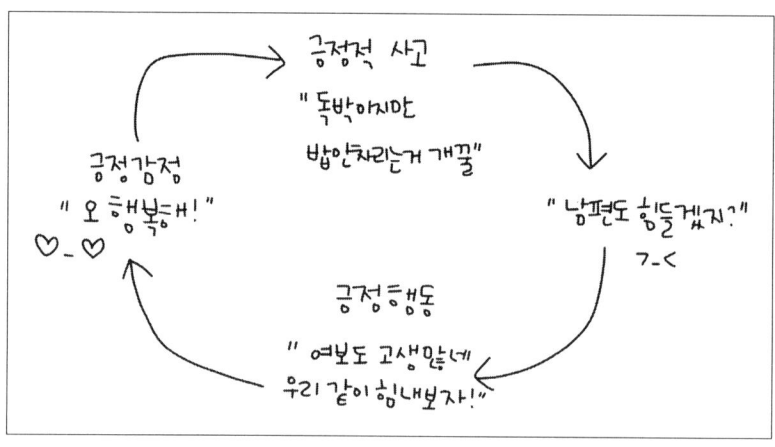

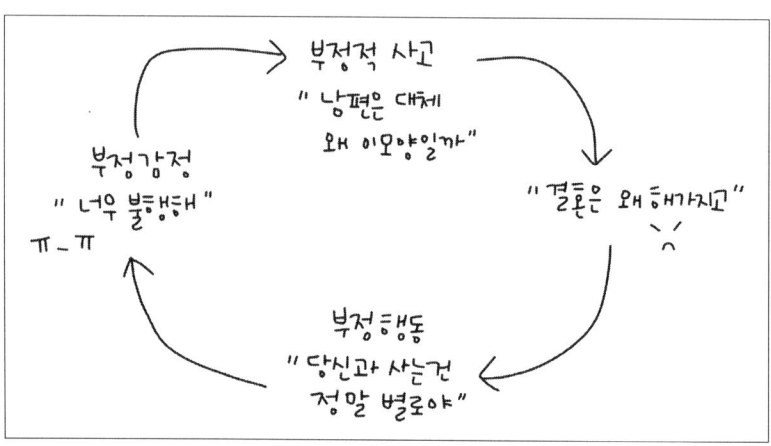

정은 씨처럼 주변 사람들과 비교하면서 자신의 상황이 타인보다 하위에 위치해 있다고 생각하는 사람들이 꽤 많습니다. 그 이유는 주관적으로 본인보다 다른 사람들이 더 나은 삶을 살고 있다고 생각해서 그럴 수 있습니다. 그리고 입버릇처럼 "○○는 너무 짜증 나!", "○○는 너무 싫어."라는 부정적인 어투를 사용해서 그럴 수도 있습니다. 사람들은 자신이 객관적으로 타인과 비교한다고 생각하지만 현실은 그렇지 않습니다. 우리는 실제 경험한 일들 그리고 평소에 지각하는 내용들을 토대로 자신이 만들어 낸 현실만을 바라보고 살아갑니다. 그렇기 때문에 정은 씨의 부정적인 현실은 그녀의 저 깊은 머릿속 어딘가로부터 지속적으로 만들어 내는 것입니다. 그리고 그것은 유전적인 요인일 수도 있습니다.

긍정과 부정을 인지하는 것이 유전이라는 사실은 누군가에겐 불편할 수 있지만 주관적 안녕감이라 말하는 행복은 유전적 요인이 50%, 환경적 요인이 10%, 의도적 활동이 40%를 차지합니다.[10] 유전적 요인은 성격이나 기질을 의미하고 환경은 살아가는 객관적 조건(결혼, 수입, 종교, 건강 등), 의도적 활동은 규칙적인 운동 혹은 감사, 목표 추구와 같은 것을 의미합니다.

나의 부정이 유전자 때문이라면 그냥 나를 놔 버리고 부정의 늪에서 그냥 허우적거리며 살아야 할까요? 아닙니다. 우리는 긍정을 포기할 수 없습니다. 인간은 본질적으로 부정보단 긍정을 원하고 우울하게 살기보단 행복하게 살고 싶은 마음을 갖고 있으니까요. 유전자를 탓하기보다는 행복하게 살고자 하는 내면의 의지를 스스로 확인하고 유전적인 요

---

10) Lyubomirsky, S., Sheldon, K. M., & Schkade, D. (2005). Pursuing happiness: The architecture of sustainable change.
Review of general psychology, 9(2), 111-131.

인을 뛰어넘을 수 있는 다른 방법들, 의도적 활동을 찾아야 합니다. 내가 부정적인 생각을 잘하고 내 현실에 대한 불만을 표출하고만 사는지 아니면 의도적으로 그런 현실을 벗어나고자 노력을 해 봤는지를 먼저 생각해 보세요. 그리고 행복의 사이클로 진입하시려면 직업과 관계, 건강과 수입, 과거의 불행한 사고나 어릴 때 경험한 상처를 먼저 되짚어 보고 어떤 요인들이 나에게 영향을 미쳤는지 알아야 합니다. 그리고 더 나아가 운동, 감사, 봉사, 목표 추구 그리고 과거와 현재의 부정적 상황에 대한 재해석이 여러분을 행복의 사이클에 안정적으로 정착할 수 있게 도와줍니다.[11]

사람들이 행복을 느끼는 큰 부분 중에 하나가 바로 사회적 상호 작용입니다. 스스로 행복을 만들어 내고 만끽하기보다는 서로의 행복에 말과 행동으로 영향을 주는 것입니다. 리나 씨처럼 남편과 아이와의 관계가 좋고 서로 힘이 되는 말과 상처 주지 않는 말로 소통하고자 하는 노력 자체가 이미 행복에 바짝 다가서 있는 겁니다. 주변인과의 관계가 좋지 않고 의사소통 자체가 힘든 사람들이 스스로 행복을 느끼기는 어렵습니다.

따라서 우리는 행복에 더 가까운, 지금보다 더 나은 의사소통을 해야 합니다. 행복을 손에 넣기 위해서는 과감한 행동이 필요한 법이니까요. 평소에 긍정 언어를 잘 표현하지 않으셨다면 이제부터 조금씩 시작하면 됩니다. 카페에 들어가거나 버스를 타면서 "안녕하세요!" 하고 인사를 건네는 것만으로도 우리의 작은 행복감은 시작됩니다. 그리고 일상에서

---

[11] Lyubomirsky, S., Sheldon, K. M., & Schkade, D. (2005). Pursuing happiness: The architecture of sustainable change.
Review of general psychology, 9(2), 111-131.

대화할 때 정은 씨보다는 리나 씨처럼 긍정 언어의 사용을 높이는 것도 커다란 효과를 불러옵니다.

그리고 타인과 감정을 공유하는 것만으로도 행복감을 느낄 수 있습니다. 이를 '편승 효과'라고 합니다. 좋은 일을 남편/아내 혹은 애인과 소통하며 공유한다면 삶의 만족이 더 높다는 연구 결과도 있습니다. 꼭 남편/아내 혹은 애인이 아니더라도 다른 사람에게 긍정적인 이야기를 들려주었을 때 (듣는 사람이 적극적으로 반응할 경우) 더 많은 행복감을 느끼는 것으로 나타났습니다.[12] 부모와 자식의 관계도, 교사와 제자, 팀장과 팀원의 관계에서도 마찬가지겠죠? 감정이라는 것은 전염성이 있으니까요. :)

마지막으로 감사한 마음을 표현해 보세요! 머릿속으로만 떠올리지 마시고 작은 것에도 "고마워.", "감사합니다."라는 말을 함으로써 우리의 마음은 조금 더 충만해집니다. 많은 연구들이 감사하는 마음이 주관적 안녕감을 증진시키고 회복 탄력성도 높일 수 있다고 이야기합니다. 오늘 하루 우울하거나 화가 났다면 부정적인 감정의 상황에서 벗어나 감사를 느낄 만한 작은 포인트를 하나 찾아 어떤 기분이 드는지 살펴보세요. 그리고 부정적인 마음을 입 밖으로 꺼내 바람에 날려 보세요. 여러분의 붉으락푸르락했던 마음이 조금 누그러지는 것을 느끼실 수 있을 겁니다!

---

[12] Reis, H.T. and Gable, S.L. (2003). Toward a Positive Psy-chology of Relationships. In: Keyes, C.L. and Haidt, J., Eds., Flourishing: The Positive Person and the Good Life. American Psychological Association, Washington DC, 129-159.

지금 이 순간을 함께하는 사람과 말과 행동으로 행복을 느껴 보세요.
행복은 늘 우리의 한쪽 주머니에 살짝 들어 있을 겁니다. :)

[심리학으로 생각하고 말하기]

1) 기분이 좋거나 신나거나 즐거운 마음이 조금이라도 드는 순간! "나 행복해!"라고 한번 외쳐 보세요!

→ 힘든 하루를 보내고 친구들과 맛집에 갔습니다. 오랜 친구와 맛있는 음식, 술을 한잔 먹으니 행복감이 밀려왔습니다. 그래서 "나 행복해!" 하고 외쳤습니다. 그리고 "행복한 사람?" 하고 물어봤더니 다들 행복하다고 이야기했습니다.

2) 하루를 마무리할 때 알람을 맞춰 놓고 (잊어버리지 않도록) 오늘 하루 감사한 순간 혹은 감사한 사람을 떠올려 보세요!

→ 매일 밤 자기 전 12시에 알람을 맞춰 놓고 감사한 생각을 했습니다. 오늘은 아이가 감기로 일주일을 앓다가 이제 괜찮다는 진단을 받아서 다행이고 감사하다는 생각이 들었습니다. 내일은 드디어 유치원에 갈 수 있으니까요!

우리가 함께
공유하는
커뮤니케이션

02

?를 주는 말과 !를 주는 말

[상황 그리고 대화]

　은정이는 오랜만에 부모님 집에 방문했습니다. 평소 회사에서 피곤하다고 차일피일 방문을 미뤄 왔기에 부모님은 늘 딸이 보고 싶은 마음이었습니다. 엄마는 딸이 온다고 분주하게 음식을 만들고 아빠는 옆에서 도와주고 계셨습니다. 은정이는 들어오자마자 주방에 잔뜩 차려진 음식들을 보고 기분이 좋았습니다. 옷을 갈아입고 소파에 누워 텔레비전을 보던 은정이를 엄마가 불렀습니다.

엄마: (겉절이를 하려고 배추를 씻으면서) 은정아! 저기 베란다 가서 그것 좀 가지고 와!
은정: 뭘 가지고 와?
엄마: 그거 있잖아. 저 큰 통!
은정: 어? 큰 대야? 겉절이 할 거?
엄마: 어어! 거기 베란다에 있어 찾아봐!
은정: (한참을 찾다가) 엄마! 없는데?

엄마: 그 큰 대야가 안 보여? 너는 눈을 어디다 두고 다니니?

은정: 아니, 진짜 없어! 엄마가 와서 찾아봐!

엄마: (베란다로 와서 은정이의 등짝을 때리며) 아니 저기 구석에 있잖아!! 너는 애가 제대로 하는 게 없니, 왜?

은정: 엄마, 저 위에 잔뜩 쌓여 있는데 못 볼 수도 있지. 뭐 그런 거 가지고 맨날 뭐라 그래!

엄마: 눈앞에 있는 것도 못 찾으니까 그렇지! 회사는 어떻게 다니니? 으이구….

아빠: 그래. 왜 은정이한테 뭐라고 해. 당신이 자세하게 설명도 안 해 줬으면서! 우리 은정이는 잘못한 게 없는데.

은정: 역시 아빠만이 내 맘을 알아주네.

엄마: 어휴. 나만 속이 터지지 아주….

아빠: 은정이 오랜만에 왔는데 기분 좋게 해 주자.

은정: 역시 아빠는 말을 참 다정하게 해! 아빠 같은 남자랑 결혼해야 되는데. 엄마는 좋겠다. 그치?

엄마: 그래. 너희 아빠 다정한 건 정말 일등이지.

아빠: 엄마가 너 온다고 새벽부터 일어나서 신나게 요리하느라 피곤한가 봐. 우리 은정이는 요즘 뭐 힘든 거 없어?

은정: 회사 다니는 게 다 그렇지. 일은 재밌는데 사람들이랑 대화하고 그러는 게 너무 어려운 일이야, 아빠.

아빠: 그래, 맞아. 뭐든 사람이 힘들지. 사람들 말에 일일이 감정 담아서 듣지 말구. 그런 거에 너무 힘들어하지 마. 그래도 은정이는 다른 사람들을 잘 배려해 주면서 진심을 담아 이야기하는 사람이니까 충분히 인정받고 성장할 수 있을 거야.

엄마: 그래. 넌 좋은 애잖아.

은정: 좋아! 역시 엄빠가 최고지!

[대화 들여다보기]

　'언어'는 사람과 사람을 이어 주는 커뮤니케이션의 핵심 요소입니다. 부모와 자녀 사이, 친구 사이, 사랑하는 연인 사이도 모두 언어라는 매개체를 통해 자신의 마음을 전달하고 상대의 마음을 읽을 수 있습니다. 간혹 언어로 대화를 하고 있지만 전혀 대화가 안 되는 기분이 드는 경우가 있습니다. 서로 자신의 말만 하거나, 상대방을 배려하지 않는 말들이 오고 가는 대화를 듣게 된다면 오히려 침묵이 더 낫지 않을까 하는 생각하는 것처럼 말입니다. 그럼에도 불구하고 언어가 없는 삶은 상상조차 할 수가 없습니다.

　은정 씨와 부모님의 대화는 일상에서 흔히 들을 수 있는 대화입니다. 내가 은정 씨일 수도 있고 은정 씨의 부모님이 우리 부모님이 될 수도 있죠. 이 평범한 대화를 통해 언어의 중요성을 알아보고 오해보다는 이해를 할 수 있는 대화 방법을 찾아보고자 합니다.

　위의 대화에서 크게 누가 잘못했다는 생각이 느껴지시나요? 그렇진 않죠? 엄마가 뭘 찾아오라고 했을 때 잘 못 찾는 자녀들과 그런 자녀들에게 등짝 스매싱을 날리는 엄마는 평범한 모녀 관계 같습니다. 그럼 엄마가 구사하는 언어를 먼저 살펴볼까요?

　엄마가 처음부터 은정 씨에게 이렇게 얘기를 했으면 어땠을까요?

　"은정아! 엄마 지금 겉절이 하려는데 베란다에 가서 큰 대야 좀 갖다 줄래? 아마 오른쪽 구석에 있어서 잘 안 보일 수도 있어."

물론 이렇게 얘기해도 은정 씨가 못 찾을 수도 있습니다. 하지만 찾을 가능성은 분명 커졌을 겁니다.

은정 씨 엄마는 오랜만에 온 딸이 속으로는 좀 미웠을 수 있습니다. 아니면 은정 씨가 오기 전에 좀 짜증 나는 일이 있을 수도 있었겠죠. 어쩌면 어릴 때부터 습관적으로 무언가를 잘 찾지 못하는 은정 씨 때문에 답답해서 그런 말들을 내뱉었을 수 있습니다. 어떤 마음에서였건 등짝 스매싱이 꼭 필요한 상황은 아니었습니다.

은정 씨 엄마뿐만 아니라 우리는 대부분 말하는 것을 좀 귀찮아합니다. 귀찮아한다는 의미는 말을 많이 안 하는 것이 아니고 나의 생각을 정확하고 구체적으로 이야기하지 않는다는 뜻입니다. 그리고 대충 말해도 상대방이 잘 알아들을 거라고 생각하고 얼른 알아채 주길 바랍니다. 하지만 세상에 그런 사람은 없습니다. 쿵짝이 잘 맞아 '아!' 하면 '어!' 하는 사람도 있겠지만 그것도 매번 그럴 수는 없습니다. 그래서인지 좀 애매모호하거나 추상적인 표현을 사용해서 오해를 불러일으킵니다. 은정 씨 엄마처럼 그거, 저거 이렇게 지시 대명사를 쓰거나 정확하지 않은 위치, 시간을 이야기하는 경우 듣는 사람이 쉽게 알아차리기는 어렵습니다. 물론 진짜 그 단어가 생각이 안 나 그럴 수도 있지만 그래도 좀 자세히 표현해 줄 필요가 있습니다. 그래서 여러분이 어떤 문제를 해결하거나 누군가를 설득해야 할 때, 그리고 어떤 일을 요청해야 하는 상황이 온다면 '구체적'으로 말해야 목적을 달성할 확률이 높습니다. 앞에서 말씀드렸던 은정 씨 엄마가 다르게 이야기해 보면 어떨까 했던 그 말처럼 말입니다.

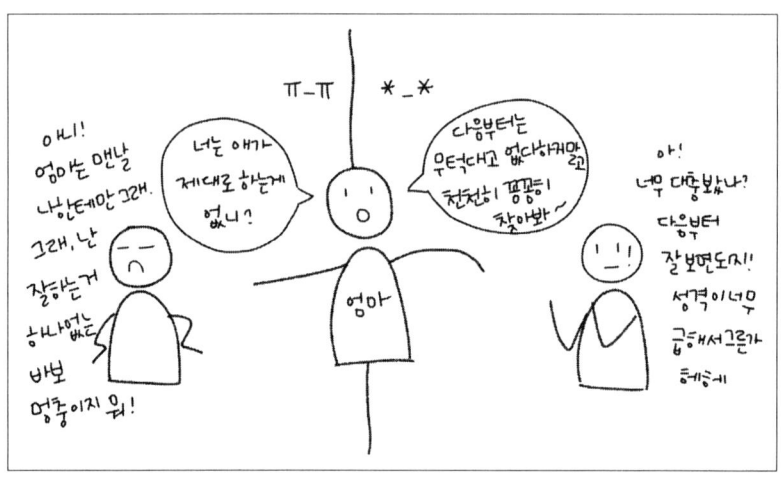

　이러한 부분은 아빠의 말에서도 찾아볼 수가 있습니다. 아빠는 상당히 다정하고 말을 멋지게 하시는 분이라는 느낌을 받으셨나요? 은정 씨도 아빠처럼 다정한 사람과 결혼을 하고 싶다는 것을 보면 분명합니다! 여러분도 은정 씨도 그렇게 느끼는 이유는 아빠가 [추상적]인 표현보다는 [구체적]인 표현을 하는 사람이라 그렇습니다. 엄마는 은정 씨에게 '좋은 애'라고 두 단어로 표현한 것을 아빠는 '다른 사람들을 잘 배려해 주면서 진심을 담아 이야기하는 사람'이라고 명확하게 표현한 것을 보면 알 수 있습니다. 아빠가 이렇게 말할 수 있는 데에는 여러 가지 이유가 있을 수 있습니다. 원래 아빠의 공감 지능이 높고 평소에 은정 씨가 스트레스를 받는 부분을 잘 알고 있거나, 아니면 은정 씨가 어떤 이야기를 했을 때 동기 부여 할 수 있는지 과거의 데이터를 기반으로 알고 있을 수 있죠. 어쨌든 아빠의 말은 회사 생활로 지친 은정 씨의 마음에 살짝 연고를 바르고 밴드를 붙여 주는 정도의 효과를 주었습니다.

여러분은 어떤 스타일이신가요? 말을 단순하게 하는 편인가요? 아니면 구체적으로 말하나요? 현재 상황이 어떻든 간에 분명한 사실은 여러분이 누군가에게 원하는 목적이 있다면 지금부터라도 구체적으로 말하는 방법을 연습해야 한다는 것입니다. 조금 더 깊이 있게 알아볼까요?

[심리학 힌트]
   추상적인 언어와 구체적인 언어의 다른 결말

[심리학으로 들여다보기]
   간혹 사람들은 누군가와 대화를 하며 상대방과 잘 통한다고 쉽게 믿기도 하고 자신이 타인의 이야기를 잘 이해하고 있다고 스스로를 과대평가하기도 합니다. 그리고 그런 방식의 대화를 통해 상대방에 대한 잘못된 판단을 유도합니다. 은정 씨의 행동이 아니라 은정 씨라는 사람 전체를 '제대로 하는 게 없는 사람'으로 만들어 버린 것처럼요. 이런 경우 이해보다는 오해가 쌓입니다.

   비언어적 의사소통처럼 언어적 의사소통도 모호한 부분들이 있습니다. 단어의 이중적인 의미 때문에 사람들은 쉽게 오해를 합니다. 그래서 말할 때 모호한 부분 또는 추상적인 표현을 구체적으로 말하는 것이 필요한데 이러한 방법을 나타낸 현상을 '추상화 사다리'라고 합니다. 애매하고 단순한 말을 행동에 초점을 맞추고 구체적으로 이야기할 수 있도록 사다리를 타고 내려오는 것을 의미합니다. 앞서 말씀드린 것처럼 우리는 누군가에게 이야기할 때 단순하게 언급하려고 합니다. 하지만 추상화 사다리를 이용하면 추상적이고 단순한 표현들을 구체적으로 말할 수 있도록 도와줍니다.

"정 대리, 왜 그래?"
"정 대리, 왜 그렇게 얘기해?"
"정 대리, 왜 그렇게 짜증내면서 얘기해?"
"정 대리, 어떤 점이 불만이라서 나한테 짜증내면서 얘기하는 거야?"

"넌 정말 좋은 애야."
"넌 정말 마음이 따뜻한 애야."
"넌 정말 공감을 잘해 주는 마음이 따뜻한 애야."
"넌 정말 내 얘기를 잘 들어 주고 공감을 잘해 주는 마음이 따뜻한 애야."

"팀장님, 멋지세요!"
"팀장님, 말씀하시는 게 멋지세요!"
"팀장님, 팀원들에 대해 말씀하시는 게 멋지세요!"
"팀장님, 고객사 앞에서 팀원들을 믿는다고 하는 말씀이 멋지세요!"

"여보, 그러지 마. 제발."
"여보, 그런 식으로 얘기하지 마. 제발."
"여보, 가족들 있을 때 그런 식으로 얘기하지 마. 제발."
"여보, 가족들 앞에서 나를 깎아내리는 말투로 얘기하지 마. 제발."

예를 들어 "미안해!"라고 말하는 것과 "내가 딴 생각하느라 너의 말 못 들었어. 미안해!"라고 말하는 것은 아주 다른 결과를 초래할 수 있습니다. 그리고 구체적으로 말함으로써 상대방의 마음에 조금 더 가까이 갈 수 있습니다. 단순화시켜서 상대방에게 부정적 피드백을 하는 경우

첫 예시 문장에서 정 대리한테 말한 것처럼 정 대리라는 사람 자체를 부정하게 됩니다. 사실 우리는 상대방의 행동에 초점을 맞춰서 이야기를 해야 하는데 단순화시켜 버리면 행동에 대한 열거가 없기 때문에 그 사람의 존재 자체를 부정해 버리거나 추앙해 버리게 되는 것입니다. 듣는 사람의 입장에서도 구체적인 피드백은 나의 행동을 인정받거나 행동에 대한 문제점만 언급되기 때문에 결과적으로 더 긍정적인 효과를 얻게 됩니다.

지나치게 단순화시켜서 말하는 것, 예를 들면 "남자는 나빠." 혹은 "여자는 나빠."라고 말하는 것은 잘못된 판단이나 고정 관념으로 사람들이 잘못된 방식으로 생각하고 평가하도록 유발할 수 있습니다. 언어라는 것은 사람의 생각을 표현하는 가장 중요한 수단이기 때문에 어떤 언어를 주로 사용하느냐에 따라 여러분의 생각이 특정 방향으로만 흐를 수도 있습니다.

따라서 우리는 애매한 표현보다는 구체적인 표현을 사용함으로써 나의 생각을 더 명료하게 전달할 수 있고 듣는 사람에게도 더 긍정적으로 작용한다는 것을 알 수 있습니다. 그렇다면 구체적으로 말하는 방법을 한번 연습해 볼까요?

상황1) 나에 대한 문제 확인하기

5층	나는 말이 너무 많아.
4층	나는 낯선 사람들과 있을 때 말이 너무 많아.
3층	나는 낯선 사람들과 있을 때 내 얘기를 너무 많이 해.
2층	나는 낯선 사람들과 친해지고 싶을 때 내 얘기를 많이 해.
1층	나는 낯선 사람들과 친해지고 싶을 때 사람들의 이야기를 들어 주는 것보다 내 얘기를 많이 해.

나에 대해 변화시키고 싶은 행동이 있다면 점점 사다리를 내려오면서 구체적으로 언급해 본다면 어떤 행동을 바꿔야 할지가 명확해집니다.

상황2) 목표 설정하기

5층	나는 행복하게 살고 싶어.
4층	나는 일을 하면서 행복하게 살고 싶어.
3층	나는 하고 싶은 일을 하면서 행복하게 살고 싶어.
2층	나는 내가 하고 싶은 광고 일을 하면서 행복하게 살고 싶어.
1층	나는 하고 싶은 광고 일을 하면서 금전적으로 여유롭게 살고 싶어.

목표는 구체화시킬수록 달성할 확률이 높습니다. 물론 거기에 시간에 대한 제한을 두면 더 확률이 높아지겠죠? 다이어트를 계획하시거나 학업이나 이직을 목표로 하고 계신다면 사다리 한번 타 보시는 건 어떠세요?

상황3) 감사 표현하기

5층	여보, 오늘 고마워요!
4층	여보, 오늘 도와줘서 고마워요!
3층	여보, 오늘 집안일 도와줘서 고마워요!
2층	여보, 오늘 아이도 봐주고 집안일도 함께해 줘서 고마워요!
1층	여보, 오늘 아이랑 잘 놀아 주고 집안일도 함께해 줘서 고마워요!

감사는 행동에 대한 구체적인 언급을 할 때 듣는 사람이 더 큰 기쁨을 느낄 수 있습니다. 작은 행동이라고 "고마워."라고 말하기보단 무엇이 고마운지 한번 이야기해 보세요!

상황4) 요청하기

5층	윤식 씨, 그 자료 좀 부탁해요!
4층	윤식 씨, 분기별 자료 좀 부탁해요!
3층	윤식 씨, 분기별 자료 팀 단위로 정리해 주세요!
2층	윤식 씨, 매출 분기별 자료 팀 단위로 정리해 주세요!
1층	윤식 씨, 매출 분기별 자료 팀 단위로 정리해서 내일 퇴근 전까지 부탁해요!

누군가에게 요청을 하거나 부탁이 필요하다면 내가 원하는 부분이 정확하게 무엇인지를 언급해 주셔야 합니다. 그래야 내가 원하는 결과를 얻을 확률이 높습니다. 빠른 시간 안에 효율적인 결과를 원하신다면 나의 말에 당장 사다리를 태워서 내려와야겠죠?

추상화 사다리를 타고 내려오는 일은 쉽지 않습니다. 사람마다 말 습관이라는 건 꽤 오랜 시간 동안 형성된 것이기 때문입니다. 하지만 천천히 한 계단씩 내려오시는 걸 연습하신다면 타인과의 커뮤니케이션에서 성과를 얻는 날이 많아질 것이라는 걸 확신합니다!

[심리학으로 생각하고 말하기]

Q) 오늘 누군가에게 고마운 일이 있었다면 고마운 마음을 어떻게 표현하면 좋을까요?

→ 엄마! 오늘 내가 딱 제육볶음이 먹고 싶었는데 어떻게 알고 했어! 맛있는 음식을 해 줘서 정말 고마워요! 역시 엄마 음식이 최고야!

→ 김 대리. 지난주에 나 대신 외근 가느라 고생 많았어요! 어려울 때 도와줘서 고마워요!

Q) 누군가에게 요청할 일이 있으시다면 꼭 무엇을, 어떻게, 언제까지 해야 하는지 이야기해 보세요!

→ 매니저님! 고객사에서 내일 오후까지 A 프로젝트 건 최종 시안 전달해 달라고 요청이 왔습니다. 금일 내로 매니저님께서 확인해 주시면 내일 오전에 팀장님께 컨펌받고 고객사에 보내도록 하겠습니다. 추가로 요청이 들어왔던 사항만 변경하였으니 확인해 주시면 됩니다. 변경 사항 함께 첨부로 넣어 놓았습니다.

나, 너 그리고 우리

[상황 그리고 대화]

    홍 대표와 유 대표는 대학 동기로 얼마 전 우여곡절 끝에 창업에 성공했습니다. 홍 대표는 불도저 같은 스타일이어서 생각한 것은 바로 실행에 옮겼습니다. 이런 과정을 유 대표가 꼼꼼하게 챙기고 리스크를 줄여 가며 실행하는 역할을 맡고 있었습니다. 두 사람은 성격은 다르지만 가치관이 잘 맞아 서로 정말 좋은 파트너라고 생각했습니다. 하지만 최근 투자가 성사되지 않아 회사 분위기도 그렇고 두 사람의 분위기도 좋지 않았습니다. 회의 때마다 의견이 부딪치고 예민한 대화가 계속되다 보니 두 사람뿐만 아니라 회사 직원들까지 냉랭한 분위기가 이어졌습니다.

홍 대표: 요즘 팀원들까지 표정이 별로 안 좋아 보이네? 내가 투자 건에 좀 더 신경 썼어야 했는데….

유 대표: 그게 왜 네 잘못이야. 우리가 부족한 탓이지. 난 이번에 론칭하는 서비스를 좀 가시적으로 보여 주면 더 좋을 것 같은데?

홍 대표: 그치. 하, 난 왜 이렇게 마음이 조급하냐. 넌 안 그래 보이는데 말이야.

유 대표: 안 그러긴 왜 안 그래. (웃음) 우리가 창업하고 지금까지 안 조급한 적이 없구만. 넌 맨날 나보고 여유 있어 보인다고 그러더라?

홍 대표: 넌 왠지 그래 보여. 지난번 피칭 때도 네가 그냥 하던 대로 하면 된다고 그래서 그냥 했더니 까였잖아?

유 대표: 야, 그건 네가 전날 야근하고 바뀐 피치덱(발표용 자료)을 제대로 안 봐서 그런 거잖아. 그게 왜 나 때문이야.

홍 대표: 아니 그런 건 네가 하라는 대로 하니까.

유 대표: 무슨 네가 아바타도 아니고. 그게 아니라 서로 맡은 역할이 다른 거고 각자 역할에 최선을 다하는 거지. 그건 내가 제대로 전달을 안 한 탓도 있고. 네가 제대로 확인 안 한 탓도 있으니까 결국 우리의 잘못인거지.

홍 대표: 넌 왜 이렇게 항상 긍정적이냐?

유 대표: 뭐가 긍정적이지? 네가 부정적인 거 아닌가?

홍 대표: 항상 앞에서 전투하는 건 나니까. 더 리스크를 안고 가려는 것뿐이지.

유 대표: 너만 앞서 있는 건 아니지. 나는 네가 혼자서만 해결할 수 있다고 믿는 건 좀 아닌 것 같아.

홍 대표: 물론 그렇지는 않지만 그래도 앞에 나서는 게 대부분 나니까. 내가 책임져야 하는 부분도 많다고 느끼는 거지. 너는 대부분 백업하는 일을 많이 하잖아. 너랑 나랑 느끼는 게 다른 거지.

유 대표: 그렇다고 내가 책임을 안 지는 건 아니잖아?

홍 대표: 일단 하는 업무가 다르니까 생각하는 거나 일을 처리하는 방향이 좀 다른 건 사실이잖아.

유 대표: 내 생각엔 우리가 그런 부분을 맞춰 왔고 앞으로도 맞춰 가야 한다고 생각해. 너는 내가 적극적으로 나서지 않는 게 불만인 거야? 아니면 그냥 지금 상황이 버거워서 그러는 거야?

홍 대표: 그런 거 같기도 하네. 네가 소극적으로 대처한다는 느낌도 있고, 그냥 다 잘될 거라고 해서 진짜 잘되는 건 아니잖아. 내 눈에는 잘 안될 일이 많은데 그렇게 말하니까 좀 답답하기도 하고.

유 대표: 우리 둘 다 으르렁거릴 순 없잖아. 네가 힘들어 보이니까 더 그렇게 얘기한 거지. 우리 왜 이렇게 요즘 소통이 안 되냐?

[대화 들여다보기]

　여러분이 보시기에도 홍 대표와 유 대표의 대화가 잘 안된다고 생각하시나요? 둘의 관계와 상황에 따라서 충분히 일어날 수 있는 대화이지만 단편적으로 말하는 부분만 들여다본다면 둘의 말하는 방식에 대한 차이점을 알 수 있습니다.

　사람들은 성격과 생각하는 것에 따라 다르게 대화를 이어 나갑니다. 더불어 어떤 방식의 언어를 사용하는가에 따라서 대화의 분위기도 달라집니다. 이렇듯 사용하는 언어의 차이가 갈등 상황을 더 악화시키기도 하고 반대로 쉽게 해결하기도 합니다. 그럼 홍 대표와 유 대표의 이야기로 한번 확인해 볼까요?

　두 사람의 평소 대화 방식으로 그동안 어떤 식의 대화를 이어 왔는지, 두 사람의 관계와 팀 내 어떤 역할인지를 추측해 볼 수 있습니다.

　먼저 홍 대표를 살펴볼까요? 외향적이고 발로 뛰는 리더형 스타일입니다. 대화에서도 나왔듯이 생각하면 빨리 실행에 옮기고 팀을 이끌어 가려고 하죠. 그리고 책임감이 강한 것처럼 느껴집니다.

"내가 투자 건에 좀 더 신경 썼어야 했는데."
"난 왜 이렇게 마음이 조급하냐."
"내가 책임져야 하는 부분도 많다고 느끼는 거지."

홍 대표는 말을 시작할 때 주로 '나'로 시작합니다. 첫 번째 문장을 보면 '내가 투자 건에 신경을 쓰지 못해 일이 이렇게 되었다.'라는 의미로 해석할 수 있습니다. '너'가 아니고 '우리'가 아니고 '나'인 것입니다. 분명 유 대표보다는 홍 대표가 회사에 더 많은 부담감과 책임감을 안고 있는 것으로 보입니다. 홍 대표처럼 나의 생각과 느낌, 어떤 일에 대한 책임을 이야기할 때 '나'로 이야기를 시작하는 것은 좋은 방법입니다. 만약 유 대표가 자신의 생각을 '나'로 시작하지 않고 "'너'가 투자 건에 좀 더 신경 썼어야지."라고 말을 했다면 홍 대표가 동일한 생각을 하고 있었더라도 대화가 다른 방향으로 흘러갔을 겁니다. 홍 대표는 더 방어적으로 대화에 참여했을지도 모릅니다.

"넌 왜 이렇게 항상 긍정적이냐?", "너는 대부분 백업하는 일을 많이 하잖아."라는 문장을 보면 '나'가 아닌 '너'를 주어로 사용했을 때 상대방을 평가하거나 판단한다는 느낌이 듭니다. 그렇기 때문에 유 대표 입장에서는 방어적인 반응을 보일 수밖에 없습니다. 홍 대표가 유 대표를 잘 알고 있긴 하지만 판단할 수 있는 사람은 아닙니다. 누가 누구를 판단하는 것은 판사가 아니고는 판단하는 사람 입장에서도 어렵고 그러한 피드백을 받는 사람 입장에서도 불쾌한 일이니까요. 그렇기 때문에 내 입장에서 맞다고 생각해도 듣는 사람 입장에서 선뜻 받아들이기가 불쾌한 메시지입니다.

이 대화에서 유 대표는 '나'를 주어로 많이 쓰는 홍 대표와는 다르게 '우리'라는 주어를 많이 사용하는 편입니다. 그래서인지 배려심이 깊고 협력을 중요시하는 사람이라는 생각이 듭니다.

"우리가 부족한 탓이지."
"내 생각엔 우리가 그런 부분을 맞춰 왔고 앞으로도 맞춰 가야 한다고 생각해."
"우리 둘 다 으르렁거릴 순 없잖아."

유 대표는 홍 대표가 투자 유치 실패가 자신의 책임이라는 의미로 이야기했을 때 "우리가 부족한 탓이지."라는 말을 통해 공동의 책임이라고 이야기해 주었습니다. 그리고 회사의 책임을 더 많이 짊어지고 가려는 홍 대표에게 '우리'라는 주어를 사용함으로써 짐을 덜어 주고자 하는 모습이 보입니다. 결국 '우리'라고 말을 시작함으로써 '너와 나 공동의 일'이라는 인식을 자연스럽게 표현한 것입니다. 이러한 방식의 말들은 대화를 상호 보완적이고 건설적인 분위기로 이끌어 갈 수 있습니다. 또한 함께 일하는 사이에서 서로에 대한 배려와 협력을 하고 있음을 은연중에 나타냅니다.

그리고 홍 대표와 '너'를 주어로 사용할 때 다른 점은 "너는 부정적이야."라고 말하기보단 "내 생각엔 내가 긍정적인 게 아니라 네가 부정적인 거 아닌가?"라는 우회적인 표현을 통해 도발적이지 않은 태도로 불만을 나타냈습니다.

여러분은 대화할 때 주로 어떤 주어를 사용하시나요? 우리가 인지하지 못하는 순간 대화 상대의 기분을 나쁘게 하는 경우도, 좋게 하는 경우도 있습니다. 핵심 이론을 통해 어떤 주어를 사용했을 때 어떤 장단점이 있는지 한번 알아볼까요?

[심리학 힌트]

나, 너, 우리를 대명사로 사용하는 메시지의 차이

[심리학으로 들여다보기]

홍 대표와 유 대표의 대화 방식을 통해 우리는 '책임감의 언어' 차이를 알 수 있습니다. 바로 '나' 언어와 '너' 언어 그리고 '우리' 언어입니다.

'나' 언어는 해당 상황에 대한 책임을 인정하는 방법으로 사용합니다. '너' 언어는 다른 사람의 판단을 포함하기도 하고 책임을 듣는 이에게 전가시키기도 합니다. 홍 대표가 유 대표에게 "네가 그냥 하던 대로 하면 된다고 그래서 그냥 했더니 까였잖아?"라고 말했던 것처럼요. 다른 예들을 통해서 한번 살펴볼까요?

"네가 작성한 이 보고서는 엉망이야!"
"너는 나를 이상한 사람으로 만드는구나."
"넌 매번 이런 식으로 약속을 지키지 않았어."

여러분이 위와 같은 대화를 들었다면 마음에서 바로 '윽' 소리가 날 것 같습니다. 갈등 상황에서는 '윽윽윽' 소리가 나면서 방어적이고 부정적인 마음이 더 커지겠죠? 아무리 보고서가 엉망이었더라도 저런 말을 듣고 싶은 사람은 없습니다. 이런 경우, '나' 언어를 사용함으로써 부드럽게 상대방에 대한 의견을 전달할 수 있습니다. 그리고 상대방의 행동을 판단하고 지적하기보다는 상대방에 대한 나의 반응을 이야기함으로써 자신의 말에 책임지는 것으로 자연스럽게 표현할 수 있습니다. 위에 제시한 이야기를 '나' 언어로 한번 바꿔 볼까요?

"나는 이 보고서에 문제가 좀 있다고 생각해."
"나는 네가 그런 식으로 말하면 내가 이상한 사람이 된 기분이야."
"나는 제시간에 오는데 넌 매번 늦게 오니까 화가 나."

여러분이 청자의 입장이라면 '너' 언어를 썼을 때와 '나' 언어를 썼을 때의 차이점이 바로 느껴지시나요? 내가 트러블 메이커라는 이야기를 듣고 싶은 사람은 아무도 없습니다. 너를 평가하는 나의 입장이 아닌, 현재 상황에서 느끼는 감정을 이야기하는 나의 입장으로 이야기한다면 위처럼 갈등 상황을 피할 수 있습니다. 그러나 '나' 언어만 이야기하는 것도 '나'를 중심으로 이야기하기 때문에 상대방에게 자기중심적인 사람으로 비춰질 수 있습니다. 따라서 '나' 언어는 대립적인 상황에서 적절히 사용할 때 가장 효과적입니다.

그렇지만 '너' 언어가 무조건 부정적인 의미를 전달하는 것은 아닙니다. 긍정적인 피드백을 할 때는 오히려 '너' 언어를 사용해야 합니다. 예시를 볼까요?

"나는 네가 다른 사람을 정말 편안하게 해 주는 것 같아."
"너는 다른 사람을 정말 편안하게 해 줘!"

첫 번째 문장은 상대방의 생각을 듣는 것이고 두 번째 문장은 직접적으로 나에 대한 칭찬을 받는 느낌입니다. 크게 다르지 않아 보일 수 있지만 직접 들어 보면 분명 차이를 느끼실 수 있을 겁니다. 긍정적 피드백을 할 땐 왜 '나' 언어보다는 '너' 언어로 이야기해야 하는지 아시겠죠?

소속감이 느껴지는 관계에서 건설적으로 이야기할 수 있는 방법 하나가 바로 '우리' 언어입니다. 방송에서 MC들을 보면 특히나 "우리 누구 씨.", "우리가…." 이런 말을 자주 사용합니다. '우리'라는 말을 주어로 사용함으로써 게스트로부터 친근감을 느끼게 할 수 있습니다. 사람들은 같은 집단에 소속한 사람들에게 더 친근감을 느끼기 마련이니까요. 이러한 연구 결과도 있습니다. '우리' 언어를 사용하는 커플은 '나' 언어니 '너' 언어를 사용하는 커플에 비해 갈등을 더 원만하게 풀어 간다고 합니다.[13] 주어를 하나 바꿨을 뿐인데 효과가 꽤 큽니다. 그러나 '우리' 언어 역시 모든 상황에 적절하진 않습니다. 그 이유는 나와 다른 사람까지 대변해서 말한다는 것을 의미하기 때문입니다. 예를 들어 누군가(나의 상황을 온전히 알고 있지 않은)가 여러분에게 "우리는 두 번째 선택을 하는 게 맞아요."라고 말한다면 여러분은 "당신이나 그렇게 하세요. 나는 첫 번째 선택을 할 거니까."라고 대답할 수도 있습니다.

---

13) DeMaris, A. (2007). The role of relationship inequity in marital disruption. Journal of Social and Personal Relationships, 24(2), 177-195.

결국 갈등 상황에서 문제를 좀 쉽고 편안하게 풀어 가고자 한다면 '나'/'너' 언어와 '우리' 언어의 장점을 잘 이용할 필요가 있습니다. 연구자들은 '나'와 '우리' 언어를 적절하게 섞어서 이용하는 것이 상대방에게 우호적으로 받아들여질 가능성이 가장 높다는 것을 발견했습니다.[14] 예를 들면 앞선 대화에서 유 대표가 "내 생각엔 우리가 그런 부분을 맞춰 왔고 앞으로도 맞춰 가야 한다고 생각해."라고 말한 것처럼 말입니다.

여러분의 말은 누구로부터 시작하고 있는지 생각해 보세요. 상대방과의 호흡을 긍정적으로 이끌어 내려면 말의 주체를 고려하고 이야기해야 합니다. '나' 언어를 통해 자기중심적으로 보이지 않도록 나의 입장을 드러내고, '너' 언어로 다른 사람들을 함부로 판단하지 않고 상대방에게 관심을 갖고 있다는 것을 보여 주어야 합니다. 그리고 '우리' 언어로 다른 사람들의 의견을 도외시하지 않고 배려하고 있다는 것을 보여 준다면

---

14) Dindia, K. (2003). Definitions and perspectives on relational maintenance communication. In Maintaining relationships through communication (pp. 1-28). Routledge.

오해와 갈등을 줄이고 서로의 마음을 효과적으로 전달할 수 있는 커뮤니케이션을 할 수 있습니다.

　누군가와 이야기할 때 대화가 잘되지 않거나 갈등이 빈번하게 발생한다면 이 부분을 먼저 짚어 보시면 좋을 것 같습니다. 주어 하나로 갈등이 새로운 기회로 바뀔 수 있으니까요!

[심리학으로 생각하고 말하기]

1) 여러분의 말의 시작은 '나', '너', '우리' 중 어떤 주어가 가장 비중이 높은가요?

→ *상황에 따라 다르지만 일할 때 '우리' 언어를 많이 사용하여 함께해야 함을 강조하는 것 같습니다.*

→ *갈등 상황에서 '너' 언어를 씀으로써 상대방이 기분 나빠하는 것을 느꼈습니다.*

2) 어떤 말을 들었을 때 기분이 나빴다면 주어는 뭐였고 왜 그렇게 느껴졌을까요?

→ *'네가'로 시작되는 말이 부정적인 의미를 전달할 때 기분이 나쁘게 느껴집니다.*

내 마음에 '좋아요'를 눌러 줘

[상황 그리고 대화]

　가은 씨는 사회생활 만렙 직장인입니다. 사람들의 이야기도 잘 들어주고 맞장구도 잘 쳐 줍니다. 그래서 주변 사람들은 가은 씨를 좋아합니다. 가은 씨는 자신이 타인에게 공감을 잘해 주지만 다른 사람들에게도 공감을 받고 싶어 합니다. 최근 그런 부분을 가장 충족시켜 주는 사람은 같은 팀 동료인 세나 씨입니다. 세나 씨는 가은 씨가 업무적으로 짜증 나는 일이 있으면 같이 짜증을 내 주고 승진했을 때도 누구보다 함께 기뻐해 주었습니다. 가은 씨는 회사 동료 중에 이렇게 마음이 잘 맞는 사람이 있다는 것에 행복했습니다. 하지만 남자 친구인 병욱 씨는 그렇지 않았습니다. 가은 씨가 힘든 일을 이야기하면 그 상황에 대해 누구의 잘못인지를 따져 묻거나 사실 관계를 확인하려고 하였습니다. 그럴 때마다 가은 씨는 더 속상한 마음이 들었습니다.

가은: 세나! 오늘 점심에 매운 거 먹어야겠다….
세나: 뭔데여! 아침부터 팀장님이 뭐라 했구나!

가은: 아니 중간보고는 당연히 책임자가 해야 되는 거 아냐? 갑자기 나 보고 발표 준비 다했냐는 거야. 그래서 내가 "네?" 그랬더니 임 수석이 자기가 내일 일정이 꼬여 가지고 내가 가기로 했다고 그랬대.

세나: 이게 뭔 소리임. 책임자가 중간보고 날 대체 어딜 가. 그럼 발표를 언니가 하라고요?

가은: 그런가 봐? 뭐 자료야 어차피 내가 만드는 거긴 한데 내일 고객사 대표 이사부터 상무님들 다 참석한다는데 대리 나부랭이가? 일도 다 해. 보고도 내가 해. 그럼 PM은 뭘 해?

세나: 술 마시지. 화가 난다 화가 나…. 근데 고객사에서 오케이를 했대여?

가은: 어…. 어차피 실무를 내가 하니까 괜찮을 것 같다고 했다는데. 이게 또 자료 준비랑 발표는 다른 영역이잖니. 나 발표는 정말 못하는데.

세나: 그래도 언니가 인정받은 느낌이라 좋긴 하지만… 언니, 너무 부담 되겠어요.

가은: 응. 부담, 부담. 왕부담….

세나: 그래도 언니 잘할 수 있을 거예요! 지난번에 워크샵 때도 잘했잖아여!

가은 씨는 같은 이야기를 병욱 씨와도 합니다.

가은: 자기야, 나 완전 난리 남….

병욱: 왜?

가은: 내일 프로젝트 중간보고가 있는데 갑자기 발표를 PM말고 나보고 하라네? 임 수석이 내일 참석을 못 한대. 내일 고객사 대표랑 상무

들까지 다 온다고 그랬거든…. 근데 대리 나부랭이가 하는 게 말이 되냐고.

병욱: 아, 그래? 자기가 발표하면 좋은 거 아냐?

가은: 뭐가 좋은데? 당장 내일인데 발표 준비도 해야 되고 나 발표 불안도 있는데. 대체 뭐가 좋아.

병욱: 그래도 뭔가 큰 자리에서 그렇게 하면 인정받을 수 있잖아.

가은: 하, 자기야. 내가 하는 말 못 들은 거야? 내가 지금 빡쳐 가지고 얘기하는데 자기한테 그런 말 듣자고 한 거 같아?

병욱: 아니, 그런 게 아니고. 준비하는 게 좀 힘들겠지만 그래도 잘하면 되니까 그렇게 얘기한 거지.

가은: 아니다. 말을 말자….

[대화 들여다보기]

　가은 씨의 말에 답변하는 세나 씨와 병욱 씨의 차이. 여러분은 느끼셨나요? 세나 씨와 병욱 씨 모두 가은 씨에게 가깝고 중요한 사람이지만 표현하는 방법이 조금 달라 보입니다. 앞에서 나왔던 정서 지능의 차이일 수도 있고, 성격의 차이일 수도 있지만 공감 능력의 차이일지도 모릅니다. 사람들은 누구나 자신의 말에 관심을 갖고 동조해 주기를 바라니까요.

　세나 씨는 가은 씨가 구체적으로 말하지 않았음에도 불구하고 "점심에 매운 거 먹어야겠다."라는 말만 들어도 이 사람이 지금 화가 나거나 짜증이 났다는 것을 짐작할 수 있습니다. 가은 씨가 하는 말에 전적으로 동의하는 모습이 대화로 드러납니다. "화가 난다. 화가 나."라고 말하는 걸 보면 가은 씨 일에 함께 화를 내고 있으니까요. 그리고 마지막 말을 보면 가은 씨가 잘할 수 있도록 격려까지 해 줍니다. 이 짧은 대화를 통해 가은 씨는 마음이 어땠을까요? 아마 조금은 편안해졌을 겁니다. 내가 이렇게 화가 난 마음이 합당하다고 인정해 주고 관심을 갖고 있다는 느낌이 가은 씨의 마음을 편안하게 만들었을 것 같습니다.

병욱 씨는 가은 씨를 사랑하지만 상황을 보는 데 조금 다른 관점을 갖고 있습니다. 온전히 가은 씨의 입장에서 어떤 대답을 원하는지에 초점을 맞췄다면 그녀가 원하는 대답을 해 줄 수도 있었겠죠. 하지만 병욱 씨는 사실에 입각해서 이야기하는 성격을 갖고 있습니다. 그래서 가은 씨가 화가 났다는 식으로 주구장창 이야기해도 그 상황을 객관적으로 판단하고 대답 했습니다. 그리고 병욱 씨는 자신의 편향대로 가은 씨의 말을 들었기 때문에 깊이 있게 공감할 수 없었던 겁니다. 가은 씨는 이 대화 후에 기분이 어땠을까요? 화가 제곱으로 늘어났을 겁니다. 현재 상황에 대한 판단보다는 내 마음의 이해를 바라고자 병욱 씨에게 이야기를 한 것이니까요. 아마 많은 대화가 계속 이런 식으로 흘러간다면 가은 씨는 점점 자신의 이야기를 하고 싶지 않을 겁니다. 가끔 인스타그램을 통해 공감과 위로를 해 주는 얼굴도 모르는 사람들보다 병욱 씨가 멀게 느껴질 때도 있을 겁니다. 공유하는 부분이 적어지고 서로의 마음을 알아주지 못한다면 아무리 사랑하던 사람이라도 점점 더 마음의 거리가 멀어져 버립니다.

병욱 씨는 연애 초기에 지금과는 달랐습니다. 아드레날린이 엄청나게 폭발하여 가은 씨에게 간이고 쓸개도 다 빼 주고 싶었으니 그녀가 하는 말이라면 뭐든 오케이했겠죠. 관계의 시작은 관심과 공감을 통해 이루어지니까요. 그리고 가은 씨는 타인에 대한 공감 능력이 높은 사람이기 때문에 지속적으로 병욱 씨에게 높은 수준의 공감을 해 주었을 겁니다. 그래서 오히려 병욱 씨가 자신에게 하는 공감은 부족하다고 느꼈을 수 있습니다.

대화를 한다면 어떤 기분으로 어떤 의도를 갖고 있는지 알아야 그에 맞는 답변을 할 수 있습니다. 그리고 누군가를 진정으로 이해하고 싶다면 그 사람의 세계에 발을 담궈 봐야 합니다. 수박 겉핥기식이 아닌 진짜 알짜배기 달콤한 수박 맛을 봐야 진짜 달콤함을 알 수 있는 것처럼 말입니다.

[심리학 힌트]

타인과 관계를 맺는 새로운 방식, 공감

[심리학으로 들여다보기]

사람은 누구나 관심받고 싶어 합니다. 아니라고 생각하실 수 있지만 인간의 기본적인 욕구는 관계를 지향하기 때문입니다. 눈 맞출 사람 하나 없이 아무 말도 하지 않고 영원히 살아가는 건 불가능합니다. 인간은 관계를 형성하며 그 안에서 생존하고 행복을 느끼면서 살아갑니다. 아무도 나에게 관심도 없고 내 마음에 동의를 해 주지 않는다면 자신의 존재 자체를 의심하고 우울감이 듭니다.

공감은 타인과 나를 새롭게 이어 주는 도구입니다. 누군가를 처음 만났을 때 관심이 있다면 나도 모르게 그 사람 의견에 동의하는 모습을 발견할 때가 있지 않나요? 관계에 있어서 대화에 있어서 서로에게 긍정적인 역할을 하는 것이 바로 공감입니다.

하지만 공감을 많이 하다 보면 언제나 내가 누군가를 진짜로 이해하고 있다고 생각할 수 있는데 이것은 위험한 일입니다. 나도 모르게 공감이 아닌 상대방을 내 멋대로 판단해 버릴 수 있습니다. 따라서 우리는 편협한 사고방식을 갖고 있다는 것을 인지하고 있어야 하며 이로 인해 사람들을 오해할 수 있다는 사실 또한 잊지 말아야 합니다. 이렇게 열려 있는 사고방식으로 다가가야 상대방에게 개방적인 태도를 가지고 공감적인 대화를 이어 나갈 수 있습니다.

공감과 관련한 다양한 연구들을 살펴보면 한 연구에서 커플인 경우 공감을 해 주면 나와 공감을 받는 사람 모두 관계 만족도가 높다는 것을 알 수 있습니다. 그리고 남자가 공감을 해 주는 것은 여성이 생각하기에 불충분하다고 느끼는 것으로 나타났습니다.[15] 그리고 여학생이 남학생에 비해 공감 능력이 높다고 합니다.[16] 그래서 가은 씨가 병욱 씨의 공감이 늘 불만족스러웠던 거군요! 물론 공감 능력이 뛰어난 남자들도 존재합니다.

아이들은 초등학교에서 고등학교로 올라갈수록 공감 수준이 높아집니다. 아이들 세계에서 나름대로의 사회생활을 하면서 점점 높은 공감 능력을 갖습니다. 부모님들이 너무 어릴 때부터 강요할 필요는 없습니다. 조금씩 공감이라는 것에 대해 가르쳐 주시기만 하면 됩니다. 그리고 어른들이 먼저 아이들을 공감해 주어야 아이들도 공감 능력이 잘 자라나지 않을까 싶습니다.

공감적인 태도는 다음과 같은 단계의 방법들을 연습하면 충분히 키울 수 있습니다.

첫 번째로는 내 의견을 말하기보다는 상대의 이야기를 듣고 싶어 하면 됩니다. 대화를 하면서 내가 아닌 상대방에게 온전히 집중하는 것이죠. 상대가 말한 내용을 다시 내가 다 이야기할 수 있을 정도로 말입니다. 그렇게 한다면 상대에게 굉장한 점수를 딸 수 있습니다. 우리는 자신에게 관대합니다. 하지만 상대방의 말에 온전히 귀를 기울임으로써 내가 나를 관대하게 바라보는 것처럼 상대도 그렇게 바라볼 수 있는 힘이 생깁니다.

---

15) 조영주. (2020). 파트너에 대한 공감, 지각된 파트너의 공감과 커플 관계만족의 관계. 한국심리학회지: 상담 및 심리치료, 32(4), 1941-1965.
16) 황수영, 윤미선. (2019). 연령과 성별에 따른 공감의 차이. 교육심리연구, 33(2), 193-210.

두 번째로는 공감을 깊이 있게 해야 합니다. 공감의 깊이는 스스로를 객관적으로 잘 받아들일 수 있을 때 더 깊어질 수 있습니다. 남들보다 내가 늘 뛰어나다고 생각한다면 상대방이 어떤 이야기를 해도 몰입하기가 쉽지 않습니다. 상대방이 무슨 얘기를 하든 잘못 말했다거나 틀렸다거나 이상하다고 생각할 수 있으니까요. 따라서 나의 부족한 부분까지 내가 온전히 받아들일 수 있어야 타인의 이야기도 온전히 받아들일 수 있습니다.

세 번째는 말하는 사람의 기분에 관심을 기울이고 의도를 파악해야 합니다. 상대방의 의도를 알아차리기는 어려울 수 있으나 감정이나 기분을 파악하는 것은 어렵지 않은 일입니다. 대화할 때의 표정이나 목소리의 톤 등 말하는 사람을 잘 관찰해 보면 현재 어떤 분위기로 이야기하고 있는지 알아챌 수 있습니다. 그렇게 기분을 파악했다면 상대방이 어떤 의도로 이야기를 하는지 주위를 기울여 봐야 합니다. 사람들은 말할 때 의식하든 하지 않든 어떤 의도를 가지고 이야기를 합니다. 이 사람이 내 이야기에 박수를 쳐 줬으면 좋겠다든지 그냥 함께 상사 욕을 해 줬으면 한다든지 말입니다. 그래야 상대방의 깊은 내면까지 들어갔다 나올 수 있습니다.

마지막으로 어떤 식으로든 상대를 따라 하면 상대로부터 공감 반응을 이끌어 낼 수 있습니다. 카멜레온 효과라고도 하는데요, 대화를 할 때 친밀감이 높은 사람들은 무의식적으로 상대의 자세나 행동을 따라 하는 경향이 있습니다. 친구가 핸드폰을 보면 나도 보고, 다리를 꼬면 나도 꼬게 되는 것처럼 말입니다. 마찬가지로 대화를 하는 상대방이 웃고 있으면 나도 웃고 고개를 끄덕이면 나도 끄덕이면서 교감이 더 깊어집니다. 그리고 그 사람의 말을 반복해서 이야기하면 상대방은 공감받고 있다고 느낍니다. 또한 주변에 공감 능력이 좋은 사람들이 다른 사람들과 어떤 식으로 교류하는지를 잘 관찰해 보시고 참고할 만한 부분을 찾으시는 것도 도움이 됩니다.

　공감을 잘하는 사람이 되기 위해서 위와 같은 방법을 사용하고 있을 때 상대방의 반응이 긍정적이면 내가 잘했다는 피드백으로 받아들이면 됩니다. 그렇지 않다면 어떤 부분에서 공감을 받지 못했다고 생각하는지 물어보시는 것도 빠르고 솔직한 피드백을 얻을 수 있는 방법입니다.
　많은 사람들과 다양한 대화를 하다 보면 상대방이 보내는 눈에 보이지 않는 신호들을 많이 알아차릴 수 있습니다. 위에 제시한 방법들을 통해 여러분의 공감의 손길을 주변 사람들에게 많이 내어 주시면 더 좋은 관계로 이어짐과 동시에 예상치 못한 긍정적인 효과들이 분명히 나타날 것입니다.

[심리학으로 생각하고 말하기]

1) 나의 공감 능력은 1부터 10까지 어느 정도라고 생각하나요? 그렇게 생각한 이유는 뭘까요?
→ *7에서 8정도. 타인의 입장과 그 상황에서 생각하려고 노력합니다. 가까운 가족이나 지인에게는 잘 안되는 것 같습니다.*

2) 나와 가까운 사람에게 나의 공감 능력을 1부터 10 중에 어느 정도라고 생각하는지 물어보고 차이가 있다면 왜 그런지 생각해 보세요.
→ *가장 친한 친구들에게 물어보니 8.5점이라는 점수를 받았습니다. 내가 생각하는 것과 큰 차이는 없어 보이지만 누구에게 물어보느냐에 따라 조금 달라질 수 있겠다는 생각을 했습니다.*

듣고 있나, 팀장님?

[상황 그리고 대화]

　조 팀장과 양 책임은 A팀에서 함께 근무한 지 1년 가까이 되었습니다. 조 팀장이 이 부서에 온 이후 양 책임은 지속적으로 스트레스를 받았습니다. 팀장이 같은 질문을 2~3번씩 해서 질문하는 버릇이 있었기 때문입니다. 양 책임은 분명히 보고를 하였음에도 전혀 듣지 못한 내용이라는 듯이 바라보며 재차 질문하는 팀장에게 짜증이 났습니다. 며칠 전 양 책임은 중요한 프로젝트 관련 사항을 조 팀장에게 보고했는데 결국 문제가 발생하고 말았습니다. 그래서 팀장에게 다시 그 사안에 대해 보고를 하고 후속 조치에 대한 문제를 논의하기 위해 팀장에게 회의를 요청했습니다.

양 책임: 팀장님, 지난번에 말씀드린 프로젝트 이슈 사항에 대해 고객사에 보고했는데 일정 지연은 절대 안 된다고 하셔서 아무래도 추가 인원 투입이 불가피할 것 같습니다.
조 팀장: 네? 왜 그걸 이제 와서 얘기해요?

양 책임: 지난주 주간 회의 보고 때 말씀드렸는데요?

조 팀장: 이렇게 중요한 이슈 사항이라고 이야기 안 했잖아요?

양 책임: 아… 고객사에 진행 사항 보고해 보고 만약 추가 인원 투입이 불가피하면 손익 계산서 변경 및 전략기획팀 보고 등이 필요할 것 같다고 말씀드렸습니다.

조 팀장: 그냥 이슈 사항이라면서요. 그 일정 맞추려면 추가 인원 투입이 꽤 필요할 것 같은데 그럼 영업 이익이 대체 뭐가 남겠어요? PM이 그런 건 고객사랑 잘 컨트롤해야지!

양 책임: 고객사 측에서 계약서 과업 범위에 포함된다는 무리한 요구 때문에 저희도 법무팀에 문의했는데 법적 문제도 크게 없어서 과업 범위에 포함시켜야 한다고 해서요….

조 팀장: 아니 나도 그건 알지. 그럼 과업 범위를 최소화시키든지 일정을 최소한도로 늘리든지 양 책임이 협의를 잘했었어야죠.

양 책임: 네. 저도 계속 보고드렸듯이 다양한 안을 고객사 측과 지속적으로 협의했는데 고객사에서도 금년 안에 꼭 서비스 론칭을 진행해야 하는 부분이라서요.

조 팀장: 지금 해외 프로젝트도 손실이 엄청나서 그거 땜에 머리가 아파 죽겠는데…. 일단 내가 고객사 팀장님을 한번 만나 봐야 할 것 같네요. 미팅 좀 잡아 줘요.

양 책임: 네, 알겠습니다.

조 팀장: 그리고 이슈 사항 자세히 정리해서 나한테 갖다줘요.

양 책임: 아 주간 보고 때 드린 내용 말구요?

조 팀장: 더 자세한 내용이 필요할 것 같아요.

양 책임: 네, 그럼 좀 더 디테일하게 작성해서 드리도록 하겠습니다.

조 팀장: 그 법무팀에서는 그냥 문제없다고만 했어요?

양 책임: 네. 계약서상에 제시되어 있는 범위에 포함될 수 있다고 합니다.

조 팀장: 법무팀 의견도 다시 전달해 줘요.

양 책임: 지난번에 참조로 함께 받아서 팀장님께서도 바로 확인하실 수 있을 것 같습니다.

조 팀장: 알겠어요.

[대화 들여다보기]

우리는 어떤 상황에서 얼마나 집중하느냐에 따라 똑같은 말이라도 듣고 이해하는 범위가 달라집니다.

직장 생활에서도 일상생활에서도 위와 같은 경우를 종종 만날 수 있습니다. 양 책임이라도 조 팀장처럼 잘 못 듣거나 듣고 잊어버리는 경우가 있을 수 있습니다. 왜냐하면 우리는 정말 많은 것들을 들으면서 살아갑니다. 듣고 싶지 않은 것도 들어야 할 때도 있고, 여러 가지 일상 소음, 라디오에서 흘러나오는 소리나 옆 사람이 전화하는 소리들 모두 우리 귀에 들어옵니다. 가족들의 말, 함께 일하는 동료들의 말까지 계속 들려옵니다. 한 연구에서는 북미의 주요 기입 근로자 내나수가 근무 시간의 60%가량을 다른 사람의 말을 듣는 데 사용한다고 나타났습니다.[17] 아무리 말이 많은 사람이라도 말하는 시간보다 듣는 시간이 더 많을 수밖에 없습니다. 그래서 잘 듣는 것도 중요한 거죠. 하지만 정작 우리는 원활한 커뮤니케이션을 위해 듣기보다는 말하기를 더 잘해야 된다고 생각합니다. 그에 대한 반증으로 말하기 학원은 있지만 듣기 학원은 없는 것처럼 말입니다.

---

17) Wolvin, A. D., & Coakley, C. G. (1991). A survey of the status of listening training in some Fortune 500 corporations. Communication Education, 40(2), 152-164.

양 책임은 지난 프로젝트 때도 비슷한 경험을 했습니다. 자신은 분명히 팀장님께 보고를 했습니다. 심지어 모든 이메일에 팀장님이 참조로 들어갑니다. 물론 그 이메일을 다 제대로 읽어 보실 것이라고 생각하지 않지만 유독 자신의 이야기를 흘려듣는 기분이 듭니다. 자신이 맡은 프로젝트가 대규모가 아니라서 그런가 싶기도 하고 업종 특성상 이슈 사항이 많아서 그런 것 같기도 합니다. 그래도 팀장의 위치라면 팀원들의 이야기를 잘 들어 주고 올바른 피드백을 해 주어야 한다고 생각했습니다. 팀장님이 자신이 필요할 때만 해당 내용을 듣고자 하는 건 아닐까 싶기도 합니다. 대체 팀장님은 왜 그러는지 양 책임은 알 수가 없었습니다. 그래서 자신은 절대 팀장님 같은 상사가 되지 않겠다고 다짐했습니다.

조 팀장은 자신이 잘 안 듣는 사람이라는 걸 몰랐습니다. 자신이 팀원이었을 때 당시 팀장으로부터 능력 있는 사람이라고 평가받았으니까요. 조 팀장의 듣기 과정을 살펴보면 자신이 중요하다고 판단한(객관적이지 않은) 정보를 주로 받아들이는 식의 듣기를 하고 있습니다. 조 팀장은 양 책임이 보고한 내용도 크게 신경 쓸 내용은 아니라고 생각했습니다. 해외 프로젝트에 큰 문제가 발생해서 모든 신경이 그쪽으로 향해 있었으니까요. 팀장이라고 해서 모든 프로젝트를 일일이 관여하면서 확인할 수는 없습니다. 그래서 진행 사항과 이슈 사항을 간략하게 보고받고 있는 것이죠. 조 팀장은 예전부터 자신이 몰두한 것에만 시간과 노력을 쏟아붓는 성향이었습니다. 그래서 프로젝트 성과들도 좋았습니다. 하지만 팀장이 되고 나서 신경이 쓰이는 프로젝트들 위주로 일 처리를 해 왔습니다. 큰 문제는 없었습니다. 그런데 양 책임과의 대화를 하면서 조 팀장은 느꼈습니다. 분명 보고를 했을 텐데 왜 자신의 머릿속에는 해당 내용이 없는 것일까 하고요.

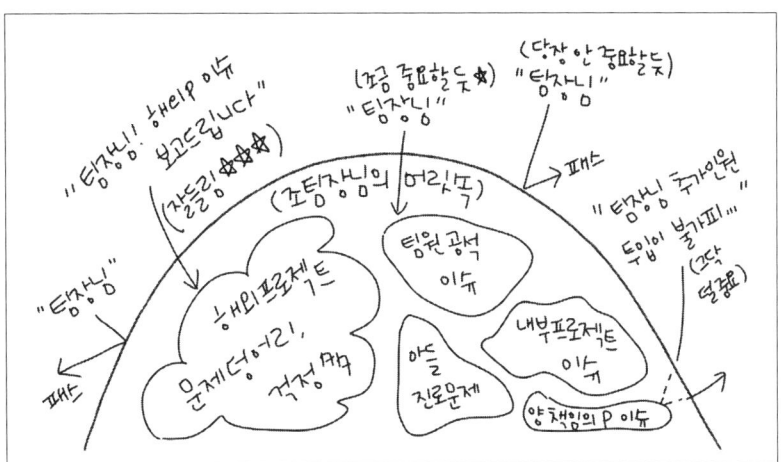

사람의 기억은 시간이 지나면 지워지기 마련입니다. 그래서 누군가와 소통할 때 주의를 기울여서 듣지 않고 적절한 반응 또한 하지 않는다면 아무리 들었던 내용이라 할지라도 기억에서 더 쉽게 지워집니다. 일반적으로 사회생활을 하면서 말을 잘하는 것에 대한 중요성은 강조되어 왔으나 잘 듣는 것에 대한 중요성은 크게 강조되지 않았습니다. 그러나 미국의 인사 담당자들에게 이상적인 관리자의 능력에 대해 질문했을 때 그들은 효율적으로 들을 수 있는 능력을 첫 번째로 꼽았습니다.[18] 이처럼 함께 공통의 목표를 위한 커뮤니케이션을 해야 한다면 좋은 듣기 기술은 아주 중요하고 필요합니다.

[심리학 힌트]

커뮤니케이션에서 가장 많은 시간과 중요도를 차지하고 있는 듣기

---

18) Winsor, J. L., Curtis, D. B., & Stephens, R. D. (1999). National preferences in business and communication education: An update. *Journal of the Association for Communication Administration, 3*, 170-179

[심리학으로 들여다보기]

듣기는 단순히 귀에 들리는 소리를 받아들이는 것으로만 해석할 수 없습니다. 상대방의 말에 대한 반응, 말하는 사람의 표정과 몸짓 등의 여러 가지 단서를 합쳐서 그 사람의 말을 이해하는 과정입니다. 아마 조 팀장님은 다른 일에 몰두해 있으면서 단순히 양 책임의 말을 들었기 때문에 기억이 나지 않았을 것입니다.

여러분은 8시간짜리 교육을 받을 때 교육 내내 듣기만 했는데도 피곤한 경험을 한 적이 있나요? 듣기는 까다롭고 복합한 활동입니다.

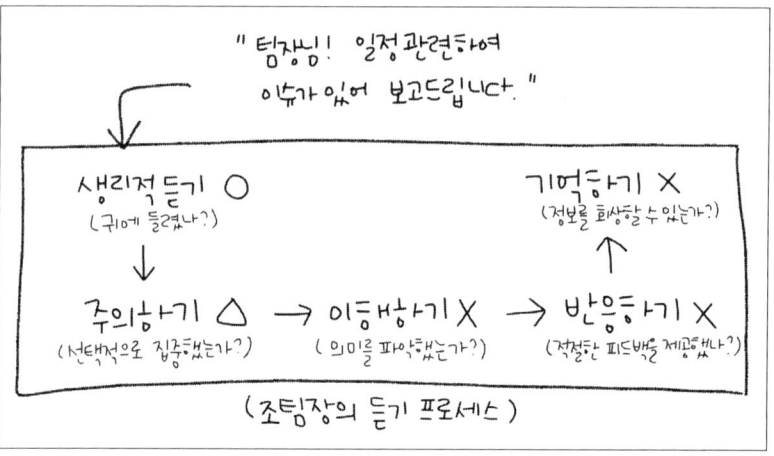

듣기는 여러 과정으로 진행됩니다. 먼저 생리적 차원으로 특정 주파수와 특정 세기를 가진 음파가 귀에 부딪힐 때 발생합니다. 그다음에는 자신이 듣고자 하는 혹은 관심을 갖고 있는 말들을 더 주의 깊게 듣습니다. 예를 들어 A와 친해지고 나면 주변 사람들이 하는 A의 이야기에 귀를 기울이는 것처럼요. 주의를 기울여 듣고 나면 그 말의 뜻을 이해하고 의미를 파악하려고 합니다. 이처럼 말하는 사람의 의도와 듣는 사람들이해도가 얼마나 일치하는지를 '듣기 충실도'라고 이야기합니다. 그리고 이해한 내용을 바탕으로 우리는 적절한 반응을 보입니다. 잘 들어 주는 사람이 적절한 반응을 보일 수 있는 것입니다.

 그러면 조 팀장은 어떤 듣기 태도를 가졌기에 중요한 정보를 놓쳤을까요? 조 팀장처럼 자주 중요한 정보를 놓치는 사람들을 위해 비효율적으로 듣는 방법에 대해 살펴볼 필요가 있습니다.
 먼저 가장 비효율적인 방법 중 하나는 표면적으로 '듣는 척'만 하면서 듣는 방법입니다. 이런 경우에는 보통 웃으면서 고개를 끄덕이지만 정작 얘기는 잘 안 듣고 있습니다. 아마 다른 생각을 하고 있거나 이 상황을 빨리 끝내고 싶어서 그러는 경우도 있습니다. 하지만 오히려 잘 들어 줬을 때 그 상황을 효과적으로 더 빨리 끝낼 수 있다는 사실을 우리는 알아야 합니다.
 두 번째로는 모든 대화의 주제를 자신으로 생각하면서 듣는 방법입니다. '자아도취형'이라고 볼 수 있습니다. 모든 주제가 자신으로부터 나와야 하고 이야기가 좀 틀어질 것 같으면 다시 자신의 주제로 가져와야 하기 때문에 이런 사람들은 타인의 이야기를 가만히 듣는 것이 어렵습니다.
 세 번째로는 자기가 흥미를 느끼는 부분만 듣는 방법입니다. 선택적으로 듣기를 하는 것이죠. 물론 이런 듣기가 필요한 경우도 있지만 친구와 이야기를 하는데 속상한 이야기는 듣지도 않고 주식 이야기를 할 때만 눈이 반짝하는 친구를 본다면 정말 기분이 나쁘겠죠? 그 외에도 회피하고 싶은 정보는 무시해 버리거나 타인의 말을 부정적으로 인식해서 듣지 않는 경우(청소년들), 속 깊게 이해하기보다는 표면적인 사실만 듣는 경우들이 듣기를 잘못하는 경우에 해당합니다.

조 팀장뿐만 아니라 우리 모두에게 잘 듣는 것은 어려운 일입니다. 그리고 사람들이 잘 듣지 못하는 이유는 매우 복합적입니다. 조 팀장처럼 여러 개 프로젝트를 관리하고 그에 따른 팀원들의 보고, 하루에도 수십 통씩 오는 이메일 등 자신에게 오는 메시지가 넘쳐 날 경우 어떤 메시지에 집중하기가 어렵습니다. 또한 조 팀장이 말한 것처럼 해외 프로젝트에 몰두한 나머지 다른 메시지를 놓쳐 버렸을 수도 있습니다. 그런 이유로 다른 팀원들의 말에 귀를 기울이고자 하는 노력이 부족한 것이었겠죠.

도대체 잘 듣는 건 어떻게 해야 할까요? 기질적으로 잘 들어 주는 성향을 타고 태어나야 할까요? 그렇지 않습니다. 간단하지만 우리가 시도해 볼 만한 방법을 몇 가지 말씀드리려고 합니다.

첫 번째로 말을 좀 적게 해야 합니다. 그리스 철학자 제논은 "우리에게는 적게 말하고 많이 듣기 위해 두 개의 귀와 하나의 입이 주어졌다."라고 했습니다. 여러분의 목적이 사람들의 말을 이해하는 것에 있다면 대화를 독차지하지 않아야 합니다. 상대방을 이해했는지 명확한 피드백을 줌으로써 좋은 커뮤니케이션을 할 수 있습니다.

두 번째로 외부 소음을 차단해야 합니다. 양 책임이 조 팀장에게 조용한 회의실에서 회의를 요청한 것처럼 외부의 방해물이 많을수록 말에 대한 집중이 어렵습니다. 또한 스스로의 마음속에도 방해물이 있을 수 있습니다. 집중해야 하는 문제가 있다면 내 마음속의 문제도 잠깐 덮어 둘 필요가 있습니다.

세 번째로 성급하게 판단하지 않아야 합니다. 누군가 말을 시작하기도 전에 그 사람의 마음을 짐작하고 평가해 버리는 실수를 종종하게 됩니다. 일단 먼저 듣고 확실하게 이해한 다음 평가해도 늦지 않습니다. 조 팀장이 양 책임의 이야기를 듣자마자 영업 이익이 엄청난 마이너스일 것이라고 단정 지어 버렸던 것처럼 말입니다.

마지막으로는 상대방이 말하고자 하는 핵심 포인트를 찾아야 합니다. 말을 장황하게 늘어놓는 사람의 이야기는 끝까지 들어 주기가 힘듭니다. 대부분의 사람들은 무언가 말하고자 하는 핵심이 존재하기 때문에 그게 무엇인지 이해하고자 노력해야 합니다. 포인트를 쉽게 찾는다면 커뮤니케이션이 한결 원활해질 수 있습니다.

그리고 상대방이 "내 얘기를 잘 들어 주고 있구나."라고 느낄 수 있도록 하려면 적절한 반응을 표현해야 합니다. 상대방이 이야기를 지속적으로 할 수 있도록 도와주거나 질문함으로써 구체적인 정보를 확인할 수 있습니다. 또한 상대방의 말을 내가 해석한 대로 다시 이야기해 본다면 그의 의도를 분명히 이해할 수 있습니다.

남자 친구와 헤어진 친구가 자신에게 헤어진 슬픈 마음에 대해 이야기한다면 어떨까요? 이렇게 정보 전달의 커뮤니케이션이 아니라 타인의 마음을 얻고 싶은 경우라면 우리는 감정을 이입하거나 맞장구를 쳐 줌으로써 말하는 사람의 감정에 적절한 공감으로 답해 주어야 합니다.

여러분은 직장 동료, 가족, 애인, 지인, 친구들의 말을 잘 듣고 계신가요? 누군가 내 말을 잘 들어 주는 사람이 있다면 내가 그 사람을 긍정적으로 생각할 확률이 높습니다. 그렇기 때문에 사람들의 말을 잘 들어 주는 것은 대인 관계에서 엄청난 무기로 작용합니다. 커뮤니케이션을 잘하기 위해 듣기보다 말하기에 많은 노력을 쏟아붓는 것은 좋은 방법이 아닙니다. 말이 많은 사람들도 잘 듣기 위해서는 심리적인 여유가 필요합니다. 여러분도 마음의 여유를 갖고 오늘은 입보다 귀를 좀 더 잘 사용해 보는 것이 어떨까요?

[심리학으로 생각하고 말하기]

    Q) 나는 다른 사람들과 대화할 때 주로 어떤 방법을 사용하나요? 듣는 척만 하거나, 내가 필요한 정보만 선택적으로 듣고 있지는 않은가요?

→ 똑같은 이야기를 동시에 듣고도 다르게 해석하거나, 말한 사람과 내가 서로 다른 내용을 기억하고 있을 때 모든 것을 내 기준에서 이해하고 듣고 있지 않나 싶습니다. 그리고 정말 듣기 싫을 때는 다른 생각을 하면서 고개를 끄덕이고 있는 나를 발견하기도 합니다.

    Q) 커뮤니케이션을 할 때 나의 말하기와 듣기 비중은 얼마나 될까요? 혹시 어느 부분의 비중을 좀 더 늘려야 한다고 생각하시나요?

→ 말하기가 65%, 듣기가 35% 정도 되지 않나 싶습니다. 나이가 들수록 점점 말하는 비중을 줄여 나가려고 노력하고 있기에 겨우 65% 정도라도 유지하고 있는 것 같습니다. 상대방의 이야기를 더 많이 들어 주고자 노력하고 있습니다.

강렬한 눈빛이 욕으로 들리는 순간

[상황 그리고 대화]

　요즘 들어 부서의 매출이 감소하여 팀은 물론 부서 전체의 분위기가 좋지 않았습니다. 팀장님 표정은 계속 심각했고 팀원들 모두 몸을 사리며 하루하루를 보내고 있었습니다. 그러던 어느 월요일, 별다를 것 없는 오전 주간 회의 시간이었습니다. 한 책임과 송 책임은 미리 회의실에 앉아 자료 준비를 하고 있었습니다. 그때 부서장실에 다녀온 팀장님께서 굳은 표정으로 들어오셨습니다. 자리에 앉자마자 팔짱을 끼시는 팀장님을 보며 한 책임은 본능적으로 싸늘한 기운을 느꼈습니다. 오늘 주간 보고 내용을 좀 긍정적인 결과 위주로 이야기해야겠다고 생각했습니다. 송 책임은 팀장님의 태도에 크게 신경 쓰지 않았고 바로 주간 보고를 시작했습니다.

송 책임: 금주 주간 보고를 시작하겠습니다. 지난주에 말씀드렸던 A 프로젝트 이슈 건은 아직 협력사와 협의가 마무리되지 않아 금주까지 팔로우할 예정입니다.

팀장님: (의자 등받이에 기대고 다리를 꼬며 앉아) 왜 아직도 해결이 안 됐지?

송 책임: 원가 부분 때문에 담당 팀장과 협의가 안 되서 금주에 새로운 안으로 확정할 예정입니다.

팀장님: (맘에 안 드는 표정으로) 크게 어려운 일 아니니 지난번 그 원가로 빨리 확정해서 진행하도록 하세요.

송 책임: (프로젝터에 비친 화면을 보면서 무표정으로) 네. 그리고 분기별 영업 이익 자료 보여 드리겠습니다. 1분기보다 약 1.3퍼센트 감소하였으며 프로젝트들의 잔금 지급 일정이 뒤로 미뤄져서 3분기가 지나야 영업 이익이 전년도 수준으로 회복할 수 있을 것 같습니다.

팀장님: 하… (풀었던 팔짱을 다시 끼며 화가 난 것 같은 억양으로) 송 책임. 지금 그거 기획팀에 보고할 내용인데 그렇게 갈 거예요?

송 책임: (팀장님을 바라보다 눈빛을 피하며) 아…. 네.

팀장님: (답답한 듯 큰 목소리로) 대처 방안을 가져와야지! 잔금 일정을 앞당기든지 다른 프로젝트를 빨리 킥오프하든지 뭘 해야지. 이렇게 보고하면 내년 계획 어떻게 하려고?

송 책임: (본인의 노트북을 보면서 작은 목소리로) 아, 네. 그렇게 다시 준비하도록 하겠습니다.

팀장님: (미간에 주름이 깊어진다.) 한 책임 보고하세요.

한 책임: (팀장님의 표정을 살피며 긴장한 듯이 헛기침을 한다.) 다음 달에 킥오프 진행하기로 했던 프로젝트 일정을 좀 당겨 금주에 킥오프를 진행하고 선금 계산서 진행할 예정입니다.

팀장님: (얼굴이 조금 펴진다.) 네, 좋아요.

한 책임: (팀장님을 쳐다보면서) 지난주에 보고드린 B 프로젝트 이슈 사항을 고객사와 협의했는데 현재 고객사에서 일정을 더 타이트하게 요구하고 있습니다. 제가 계속 팔로우하고 있고 협력사와 오늘 오후에 고객사에 가서 일정 픽스하고 오도록 하겠습니다.
팀장님: (팔짱을 풀고 몸을 앞으로 기울이며 화면을 쳐다보며 나지막하게) 그래요. 다녀와서 바로 보고 부탁해요.
한 책임: (결의에 찬 표정으로 팀장님을 바라보며 큰 목소리로) 네, 팀장님!

[대화 들여다보기]

평소에 대화할 때 여러분들 주변에 눈치가 빠르다고 생각하는 사람이 있나요? 아니면 눈치가 너무 없어서 답답한 사람이 있나요? 어쩌면 그것은 이번에 이야기하고자 하는 '비언어적 의사소통'과 관련이 있습니다.

누군가와 대화를 할 때 우리는 말과 더불어 행동을 통해 자신을 표현하고자 합니다. '비언어적 의사소통'은 말이 아닌 다른 수단으로 상대방에게 표현하는 메시지를 이야기합니다. 비언어적 의사소통은 얼굴에 나타나는 표정, 눈 맞춤, 한숨, 헛기침, 목소리의 크기나 속도, 높낮이, 몸짓, 접촉, 물리적 공간 등을 포함합니다. 특정 의도를 갖고 행동으로 나타내는 경우도 있고, 반대로 의도하지 않았는데도 나타나는 행동들이 있습니다.

그럼 한 책임과 송 책임은 어떻게 비언어적 의사소통을 사용하고 파악했는지 살펴볼까요?

먼저 송 책임은 평상시에 다른 사람들의 말과 행동에 크게 개의치 않는 편입니다. 주간 회의 시간에도 빨리 팀장님께 보고 후 기획팀에 자료를 제출해야 해서 회의 시간 내내 그 생각이 머릿속을 가득 채우고 있었습니다. 그래서 팀장님의 기분이나 표정, 말과 행동을 많이 살피지 못했습니다. 팀장님이 무표정으로 회의실에 들어오셔서 특별히 기분이 좋거나 나쁘다는 생각을 하지 않고 보고를 시작했습니다. 평소 같으면 이슈 사항에 대해 별다른 언급이 없으셨겠지만 갑자기 큰 목소리로 피드백을 하셔서 조금 당황스러웠습니다. 왜 갑자기 저러시는 건지 좀 이해가 가지 않았습니다. 송 책임은 보고를 마치고 얼른 외근을 다녀와야 한다는 생각에 좀 더 팩트만 전달드리려고 노력했을 뿐이었습니다. 다른 사람들의 분위기를 살피는 것보다는 정해진 일을 순서대로 처리하고자 하는 성격이었으니까요. 송 책임은 가정에서도 가족들의 기분을 잘 살피는 편은 아니었습니다. 아내가 시댁에서 집에 가자고 계속 눈치를 줘도 알아채지 못해 싸움으로 번진 경우도 많았습니다.

한 책임은 지난주부터 팀장님의 기분이 안 좋다는 것을 알고 있었습니다. 프로젝트 중 이슈 사항이 지속적으로 해결되지 않고 있고, 영업 이익 관련해서 기획팀에서 여러 가지 압박을 받고 있었습니다. 오늘 주간 회의 전에 부서장실에서 좀 큰 언성이 오가는 것을 들었고 회의실에 들어오시는 팀장님의 어두운 표정을 봤을 때 '오늘 회의가 쉽지 않겠구나.' 하며 예상했습니다. 아니나 다를까 송 책임한테 큰소리로 얘기하시는 걸 들으며 어떻게 말해야 할지 머릿속으로 빠르게 전략을 구상했습니다. 팀장님의 눈빛이 송 책임에게 욕하는 것처럼 보여 점점 더 긴장이 되었습니다. 우선 좋은 결과를 먼저 말씀드리고 나서 잘 안 풀리는 이슈 사항을 언급해야겠다고 생각했습니다. 주간 보고를 무사히 넘긴 것 같아 다행이었습니다.

팀장님이 느끼기에 이 두 사람과의 대화는 어땠을까요? 여러분이 팀장님이라면 누구와의 대화가 더 편안하고 만족감이 클까요? 대화라는 것은 단지 말을 전달하는 것이 아니라는 것을 우리는 이 대화를 통해 잘 알 수 있습니다.

살짝 굳은 표정, 단호한 말투와 점점 커지는 목소리 등 팀장님은 지속적으로 자신에 대한 정보를 회의에 참석한 사람들에게 보내고 있었습니다. 하지만 그 메시지를 송 책임은 잘 몰랐지만 한 책임은 빨리 알아차릴 수 있었습니다. 그 이유는 한 책임은 비언어적인 메시지에 민감한 사람이기 때문에 그렇습니다. 반면에 송 책임은 비언어적인 메시지에 둔감한 사람입니다. 또한 관계적인 부분이 영향을 미쳤을 수 있습니다. 한 책임이 송 책임보다 팀장님과 좀 더 가까운 관계일 수 있습니다.

비언어적 의사소통을 잘 알아채고 이해하는 사람들은 그런 역량이 부족한 사람보다 더 설득적입니다. 그리고 승진 과정, 포커 게임을 하는 경우, 이성과의 관계를 맺는 상황에서는 더 성공할 수 있는 확률이 높습니다. 만약 소개팅을 나갔을 때 내가 하는 말에 취향과 기분을 잘 파악하고 그에 대한 적절한 답변을 하는 사람이라면 여러분도 다시 만나 보고 싶지 않을까요?

팀장님도 자신의 비언어적 메시지를 잘 읽어 주는 한 책임에게 알게 모르게 편안함을 느껴 왔을 수 있습니다. 태어날 때부터 기질적으로 상대방의 단서들을 잘 알아채는 사람이 있습니다. 하지만 그런 사람이 아니라면 지금부터 그 단서들을 하나씩 찾는 방법을 연습하시면 됩니다. 비언어적 단서를 캐는 역량은 충분히 향상시킬 수 있습니다!

[심리학 힌트]
비언어적 표현을 읽고 반응할 수 있는 능력의 차이

[심리학으로 들여다보기]
비언어적 의사소통은 필수적입니다. 사람들은 어떠한 메시지를 보내고 싶지 않다고 하더라도 자연스럽게 자신에 대한 정보를 비언어적으로 전달하게 됩니다. 언어적인 의사소통, 즉 말하는 행위는 중간에 침묵과 말하기를 번갈아 가면서 할 수 있지만 목소리나 눈빛, 자세를 안 보여 주고 안 들려줄 수는 없습니다. 그리고 그렇게 나타난 단서들은 말과 일치할 때 엄청난 영향력을 내뿜습니다. 설득력이 높아지고 소통도 잘할 수 있게 됩니다. 반대로 그렇지 않은 경우(말과 행동의 단서들이 서로 다른 의미를 나타내는 경우)는 그 사람의 말에 힘을 잃게 만듭니다. 그래서 말보다 비언어적 단서들을 믿게 됩니다. 그렇기 때문에 여러분의 말에 힘을 싣고 싶다면 진심을 담은 눈빛으로 상대방을 보며 말을 해야 합니다.

면접에서도 이러한 부분이 작용합니다. 그래서 외적인 부분과 표정에서 합격의 당락이 결정되기도 합니다. 면접을 보러 가서 자본주의적인 미소만을 보여 주고 온다면 여러분은 떨어질 수도 있습니다. 반면에 진정성 있는 미소(자연스럽고 규칙적으로, 친절하고 유쾌한)를 보인다면 취업에 성공할 가능성이 높아집니다.

그렇다면 많은 사람들에게 사랑받을 수 있는 비언어적 단서 찾기를 여러분들과 함께해 볼까 합니다.

1) 얼굴과 눈

사람들의 시선이 가장 먼저 닿는 부분이 바로 사람의 얼굴, 그리고 눈입니다. 그리고 그만큼 복잡하고 많은 표현이 나타나는 부분입니다. 얼굴이 나타내는 표정의 수는 셀 수가 없을 만큼 많습니다. 그리고 변화하는 속도가 빨라 이해하기가 어렵습니다. 하지만 우리는 얼굴을 주의 깊게 살펴봄으로써 단서를 찾아낼 수 있습니다. 지나치게 과장된 표정(서비스를 하는 사람처럼 지속적으로 웃거나)을 보는 순간 가짜라고 의심할 수 있습니다. 그리고 시하철에서 누군가를 살펴봤을 때처럼 상대방이 무언가에 몰두해 있을 때(자신의 표정을 의도적으로 신경 쓰지 않을 때) 표정을 관찰한다면 그 사람의 감정을 쉽게 확인할 수 있습니다.

눈은 상대방의 눈을 같이 쳐다보는 경우 서로의 대화에 응하고 있음을 나타내며 눈을 피하는 것은 이야기를 피하고 싶다는 신호입니다. 눈 접촉을 피하는 사람보다는 직접적인 눈 접촉을 하는 사람이 여러분의 요청에 응답할 가능성이 훨씬 높습니다.[19] 눈 접촉은 타인과의 접촉, 즉 관계에서도 그대로 적용됩니다. 여러분이 누군가와 눈을 맞추고 싶은지에 따라 관계의 방향이 달라질 수 있습니다.

2) 제스처와 자세

회의 시간에 어느 자리에 앉는지 주의를 기울여 보세요. 여러분이 의도치 않게 피하고 있거나 다가가고 싶은 사람이 누군지 발견할 수 있습니다. 반대의 경우도 마찬가지겠죠?

자세는 비언어적 행동 중에 가장 분명한 메시지를 전달합니다. 위협적인 상황에서는 긴장된 자세를 취합니다. 그렇지 않은 경우 편안한 자세를 취합니다. 이런 관찰을 근거로 자세의 긴장도에 따라 사회적 지위 차이를 알 수 있습니다. 지위가 높을수록 더 편안해 보이겠죠?

제스처 역시 다양하게 해석할 수 있습니다. 현재 상황에 불편함을 느끼는 경우에는 의도치 않게 머리를 만지거나 손을 만지작거리기도 합니다. 그러나 모든 행동이 불편할 때 나타나지는 않습니다. 오히려 머리카락을 빙글빙글 돌리거나 손톱을 뜯는 행동들은 편안한 사람들과 있을 때 나타나기도 합니다.

3) 목소리

목소리 어조, 속도, 높낮이, 크기, 정지하는 부분에 따라 말의 의미가 달라집니다. 사람들은 말의 속도가 비슷한 사람에게 호감을 느낍니다.[20]

---

19) Guéguen, N., & Jacob, C. (2002). Direct look versus evasive glance and compliance with a request. The Journal of social psychology, 142(3), 393-396.
20) Buller, D. B., & Aune, R. K. (1988). The effects of vocalics and nonverbal sensitivity on compliance: A speech accommodation theory explanation. Human Communication Research, 14(3), 301-332.

그리고 목소리를 크게 내는 사람이 더 자신감 있어 보이죠. 매력적인 목소리를 갖고 있는 사람이 더 좋은 평가를 받기도 합니다. 말하는 도중 잠깐 정지한다면 사람들의 집중도를 높일 수도 있습니다. 그러나 '아', '음'과 같이 습관적으로 내뱉는 말들은 그 사람에 대한 신뢰성을 감소시키기도 합니다.[21]

이외에도 매력적인 외모를 가진 사람들은 더 똑똑하고 우호적인 평가를 받습니다. 잘생기고 예쁜 사람을 싫어하는 사람은 없습니다. 심지어 어린 아이들도 그렇게 느낍니다. 하지만 굳이 성형 수술을 할 필요는 없습니다. 우리는 자세, 몸짓, 표정 그리고 옷을 입는 방식으로 매력을 향상시킬 수 있으니까요.

여러분들이 흔하게 쓰는 카카오톡과 같은 SNS는 비언어적인 메시지를 내포하기가 어렵기 때문에 오해가 쉽게 일어날 수 있습니다. 그리고 문자로 표현할 수 있는 느낌이 한정적입니다. 그래서 업무적으로 이메일을 작성하거나 메시지를 보낼 때 신중히 작성해야 합니다. 이러한 점들을 보완하기 위해 많은 사람들은 이모티콘으로 자신의 느낌들을 정확하게 전달하고자 노력합니다. 이모티콘을 사용함으로써 오해의 소지가 줄어들기도 합니다.

비언어적 의사소통이라는 것은 상당히 모호합니다. 해석의 여지도 사람마다 다르고 실제 의도한 경우도, 그렇지 않은 경우도 있기에 진실을 찾기가 쉽지 않습니다. 하지만 보편적으로 나타나는 행동들이 있기에

---

21) Davis, M., Markus, K. A., & Walters, S. B. (2006). Judging the credibility of criminal suspect statementsnts: does mode of presentation matter?. Journal of Nonverbal Behavior, 30(4), 181-198.

여러분이 상대방을 알고자 하는 마음이 충분히 있다면 아주 적은 시간 상대를 관찰하는 것만으로도 그 사람에 대해 많은 것들을 알 수 있습니다. 그리고 인정받고 싶은 대상이 있다면 반드시 나의 언어와 비언어 모두를 잘 챙겨서 대화해 보시길 바랍니다. '진실성'을 담아서요!

[심리학으로 생각하고 말하기]

Q) 내가 당황할 때 주로 하는 비언어적 습관이 있나요? (손톱을 물어뜯거나 머리를 만지거나) 그러한 행동은 타인에게 어떤 모습으로 비칠까요?

→ 당황하면 얼굴의 어느 부분을 만지거나 속눈썹을 만집니다. 언제부터 왜 그런 행동을 했는지는 잘 모르겠으나 안 만지려고 해도 자꾸 얼굴로 손이 갑니다. 타인이 보기에 당황스러워 보이거나 곤란해 보일 것 같다고 생각합니다.

Q) 온라인 혹은 SNS에서 쓰는 이모티콘 중에 내가 가장 좋아하고 자주 사용하는 이모티콘은 어떤 것인가요? 왜 그 이모티콘을 자주 사용한다고 생각하시나요?

→ 부끄럽게 웃는 이모티콘을 많이 쓰는 편입니다. 공적으로나 사적으로 웃음 표시를 쓸 일이 많은데 너무 활짝 웃지도 않고 적당히 웃는 모습이 말을 마무리할 때 편하게 사용하기 좋습니다.

오늘의 소통 날씨는 흐림입니다

[상황 그리고 대화]

 상민 씨는 입사 5년 차가 된 대리입니다. 1~2년간은 사수의 일을 거들면서 회사 분위기도 익히고 실무도 잘 알고자 노력했습니다. 현재 팀에서 하는 직무는 상민 씨가 굉장히 하고 싶었던 일이었기 때문에 더 많은 관심과 노력을 업무에 쏟았습니다. 작년에는 대리로 승진해서 실무를 본격적으로 담당하기 시작했습니다. 큰 업무는 아니지만 윗분들의 지시에 따라 자기 몫을 잘해 내고 있다고 생각했고 그러면서 업무에 대한 성취감을 맛보고 있었습니다. 상민 씨의 팀은 분위기가 꽤 좋았습니다. 어려운 일이 있으면 격려해 주고, 서로의 역량을 인정해 주는 분위기였습니다. 그러던 어느 날, 상민 씨는 업무 중 큰 실수를 하였습니다. 오늘까지 제출해야 하는 발주서가 있었는데 수량을 산정하는 과정에서 오류가 있었고, 그 오류를 파악하고 바로잡아야 했습니다. 팀 전체가 뒤집어졌고 그 일을 수습하느라 모두가 야근을 해야 했습니다. 상황이 일어나자마자 해당 프로젝트의 책임자(PM)인 이 부장님께서 상민 씨에게 달려와 언성을 높이며 이야기했습니다.

이 부장: 상민 씨! 이런 작은 거 하나 확인을 못 해서 이 사단을 만드는 거야? 내가 이런 것까지 하나하나 확인을 해야 일이 진행되는 건가? 아니 도대체 일을 어떻게 하는 거야.

상　민: 죄송합니다, 부장님…. 확인한다고 했는데 엑셀 시트에서 오류가 발생했던 것 같습니다. 최대한 빨리 오류 수정 후 송부하도록 하겠습니다.

이 부장: 확인을 했는데 오류가 발생하나? 자네는 몇 년 찬데 아직도 이런 실수를 하나? 승진은 연차로 시켜 주는 게 아니야. 하….

상　민: 죄송합니다, 부장님. 다시는 이런 실수 없도록 하겠습니다.

이 부장: 내일 오전까지 팀원 전원 상황 수습합니다. 상민 대리가 해당 파일 공유하고 남은 팀원들 모두 상황 공유하세요.

이 부장님이 한바탕 천둥을 동반한 폭우를 몰고 왔다가 가셨습니다. 상민 씨는 팀 분위기를 이렇게 만든 당사자이기에 고개를 들 수가 없었습니다. 그리고 상민 씨로 인해 모든 팀원이 야근해야 하는 상황이 발생했기 때문에 그런 상황을 만든 자기 자신을 더욱더 용서할 수 없었습니다. 그린 상민 씨에게 백 과장님이 다가왔습니다.

백 과장: 상민 대리, 고생했는데 일이 이렇게 되어 버렸네! 이 부장님께서 상민 대리 고생하는 거 잘 알고 계신데 좀 감정이 격해지셔서 그렇게 말씀하신거야.

상　민: 네, 과장님. 제가 잘못한 일인걸요….

백 과장: 실수는 누구나 할 수 있는 거고 상민 대리는 그걸 통해서 훨씬 성장할 수 있는 사람이니까 반면교사가 될 거야. 지난번 프로젝트도 상민 대리가 서포트 잘해 줘서 잘 끝낼 수 있었잖아!

상　민: 감사합니다. 과장님. 저도 정말 제가 왜 그런 실수를 했는지 잘 모르겠습니다.

백 과장: 이미 일어난 일은 어쩔 수 없는 거지. 이제 상황을 빠르게 수습하는 데 노력을 기울입시다! 그 세 번째 시트가 오류가 잘 나는 부분이니까 한번 잘 살펴보고! 팀원들은 걱정 마. 다들 그런 실수 한두 번씩은 해 봐서 상민 대리 마음 잘 알고 도와줄 거야!

상　민: 네. 말씀 감사합니다, 과장님! 얼른 수습하고 내일 오전까지 제출하겠습니다.

[대화 들여다보기]

　상민 씨는 분위기가 좋은 팀에서 회사 생활을 하고 있습니다. 이 부장님과의 대화만 봤을 때는 그렇지 않은 것 같지만 백 과장님과의 대화를 보면 또 분위기가 좋은 것 같습니다. 어떤 집단에 가면 분위기가 좋고 사람들은 서로에 대한 긍정적인 피드백을 주로 합니다. 반면 어떤 집단에 가면 분위기가 냉랭하고 딱딱하거나 부정적인 피드백을 주로 합니다. 이는 가정에서도 마찬가지입니다. 이 부장님과 백 과장님의 소통 방식을 통해 소통 분위기를 결정하는 것들에 대해 알아볼 필요가 있습니다.

　먼저 이 부장님은 해당 프로젝트의 책임자입니다. 평소에는 농담도 잘하고 팀원들을 편안하게 대해 주기 위해 노력하지만 개개인의 업무 결과에 대해서는 긍정적인 피드백보다는 부정적 피드백을 많이 하는 편입니다. 당근보단 채찍이 더 팀원들에게 도움이 될 거라고 생각하기 때문입니다. 지금까지 20년 넘게 회사 생활을 하면서 본인도 그런 식의 피드백을 받아 왔기 때문에 유사한 방법을 사용하고 있는 것 같습니다. 그런데 이 부장님은 요즘 들어 팀원들과 소통하는 게 더 어려워지고 있습니다. 자신의 방법이 맞다고 믿으며 살아왔는데 신입 사원들을 보니 그렇지 않다는 것을 조금씩 느끼고 있습니다. 신입 사원들에게 지적을 하면 자신이 맞는 이유를 조목조목 내세워 반박을 하거나 이 부장 자신의 말이 부당하다고 이야기합니다. 잘 알려 주고 싶고 더 좋은 결과를 내기 위해서 해 온 소통의 방식이 요즘 시대에 적합하지 않은 건지 고민입니다.

백 과장님은 팀에서 중간 관리자 역할을 하고 있습니다. 밑에 있는 팀원들에게 알려 주어야 할 것도 많고 상사와의 원활한 소통을 통해 성과도 도출해야 합니다. 백 과장님은 처음 입사했을 당시 이 부장님처럼 뭐든지 잘못했다고(자신의 실수지만) 다그치기만 하는 상사들이 너무 싫었습니다. 그리고 첫 팀장님으로부터 성과를 인정받았을 때 그 희열감과 성취감은 잊을 수가 없었습니다. 그래서 자신은 후임들에게 실질적으로 도움이 될 만한 피드백을 주는, 성취감을 안겨 주는 상사가 되어야 겠다고 다짐했습니다. 그 후로 실수나 잘못보다는 개선해야 할 방향에 초점을 맞춰서 이야기하고 잘한 부분은 인정해 주는 방식의 소통을 해 왔습니다. 그러다 보니 팀원들과 소통 분위기가 더 좋아지고 다른 팀원들도 그런 식의 소통 방법을 하고자 하는 것을 느껴 뿌듯한 마음이 들었습니다.

상민 씨는 자신이 실수를 했기 때문에 이 부장님의 말에 아무 말도 할 수 없었지만 시간이 지날수록 너무 기분이 나빴습니다. 업무 자체에 대한 피드백이 아니라 자신이 해 왔던 모든 일과 노력 전체가 부정당하는 느낌이 들었기 때문입니다. 이 부장님은 늘 그런 식의 말과 행동을 하시는 분이었습니다. 객관적으로 보기에 노력이 98이고 실수가 2라면 '2'에만 초점을 맞추는 분이었습니다. 그래서 많은 사람들은 이 부장님과 일하는 것을 꺼려 했습니다.

반면에 백 과장님은 자신의 롤 모델이었습니다. 부족한 것은 잘 알려주시고 잘한 업무는 칭찬해 주시고 인정해 주셨습니다. 얼굴 표정을 보고 어떤 감정인지 알아봐 주시고 자신에게 꾸준히 관심을 가져 주신다고 느꼈습니다. 상민 씨뿐만 아니라 다른 팀원들도 백 과장님 덕분에 성취감이 들었고 실수해도 앞으로 더 잘하려고 노력하는 분위기였습니다. 그러다 보니 팀 분위기가 좋았습니다.

우리는 누구나 긍정적인 소통을 하고 싶어 합니다. 부정적인 소통 방식이 뿌리 깊게 자리하면 함께하는 사람들의 마음까지 잔뜩 찌푸려지니까요. 긍정적인 메시지를 주로 전달하는 백 과장님은 스스로에게도 그럴 가능성이 높습니다. 자기 스스로의 가능성을 믿고 지지하는 사람이 상대방의 노력도 잘 알아차리고 인정해 줄 수 있습니다. 마찬가지로 이 부장님처럼 주변인에게 혹독한 말을 쏟아 내는 사람들은 스스로에게도 그렇게 대할 가능성이 높습니다. 소통이라는 것은 타인과의 소통 이전에 자신과의 소통이 먼저입니다. 자신을 존중하지 않는 사람들은 타인을 존중하면서 말하기 어렵습니다. 예를 들어 백화점에서 갑질을 하는 사람들을 보면 드러나지 않지만 스스로를 존중하지 않는 사람들인 것이죠. 존중받고 싶거나 주변 사람들과의 분위기를 긍정적으로 바꾸고 싶다면 백 과장님처럼 인정하고 지지해 주는, 상대방을 배려하고 존중하는 소통 방법이 필요하지 않을까요?

[심리학 힌트]
　의사소통 분위기와 존중 지향 메시지로 달라지는 팀워크

[심리학으로 들여다보기]
　여러분의 회사는, 팀은, 가정은 어떤 분위기가 조성되어 있나요? 어떤 특정 말과 행동, 서로에게 느끼는 감정들이 아닌 해당 의사소통 집단만이 갖고 있는 소통 흐름을 '의사소통 분위기'라고 합니다. 같은 회사 같

은 층에 있는 유사한 사업을 하는 팀이어도, 비슷한 소득과 구성원을 갖고 있는 가족이어도 조금씩 다른 소통 분위기를 갖고 있습니다. 의사소통 분위기는 사람들이 타인으로부터 인정받고 믿는 정도에 따라 형성됩니다. 상민 씨와 다른 팀원들처럼요!

많은 연구에서도 유사한 결과를 확인할 수 있습니다. 부모가 자녀를 믿어 주고 인정해 준다면 자녀는 부모와의 대화에 더 개방적이고 자아존중감이 높으며 스트레스가 낮다는 연구 결과가 있습니다. 반대로 인정받지 못한 아이들은 정서와 행동에서 문제를 겪습니다.[22] 또한 공격적이거나 무시하는 말이 증가할수록 형제간의 만족감은 급격하게 감소합니다.[23] 이렇듯 의사소통의 분위기로 구성원 개개인에게 많은 영향을 줄 수 있습니다.

의사소통 분위기는 특정한 사람에 의해 만들어지지 않습니다. 나와 관련된 여러 사람들에 의해 만들어집니다. 백 과장님이 상민 씨를 긍정적이고 개방적으로 대했기 때문에 상민 씨도 백 과장님을 긍정적으로 대하게 되는 것처럼요. 하지만 날씨가 항상 맑을 수 없듯이 의사소통 분위기도 변할 수 있습니다. 그럼에도 불구하고 우리는 서로의 관계를 통해 의사소통 분위기를 폭풍우처럼, 맑게 갠 날처럼 어떤 방향으로든지 변화시킬 수 있습니다.

---

22) Dailey, R. M. (2006). Confirmation in parent-adolescent relationships and adolescent openness: Toward extending confirmation theory. Communication Monographs, 73(4), 434-458.

23) Teven, J. J., Martin, M. M., & Neupauer, N. C. (1998). Sibling relationships: Verbally aggressive messages and their effect on relational satisfaction. Communication Reports, 11(2), 179-186.

긍정적인 의사소통 분위기가 직업 만족도를 향상시킨다는 것은 많은 연구가 증명하고 있습니다. 긍정적인 의사소통 분위기는 타인으로부터 인정받는다고 믿는 정도에 따라 형성된다고 말씀드렸는데 실제 대화에서 이렇게 상대방의 가치를 전달하는 메시지를 '존중 지향 메시지'라고 말합니다. 그리고 배려가 없는 메시지를 '폄하 지향 메시지'라고 합니다.

(존중 지향 메시지)
"너의 있는 모습 그대로가 좋아."
"너 자체로도 빛나는 사람이야."
"그 무엇보다 중요한 건 너야."

(폄하 지향 메시지)
"너한테 관심 따위 없어."
"넌 왜 그 모양이야?"
"너는 나한테 중요한 사람이 아니야."

사실 이 메시지는 있는 그대로를 두고 평가할 수는 없습니다. 받아들이는 사람이 어떤 마음을 갖고 있느냐에 따라 달라질 수 있기 때문입니다. 누군가가 당신에게 "야, 이 바보야."라고 말했는데 애정을 갖고 말하는 것일 수도 있으니까요. 마찬가지로 "다 널 위해 하는 말이야."라는 말이 폄하하는 말로 들릴 수도 있겠죠? 이 부장님이 의도했든 의도하지 않았든 그 메시지를 받는 상민 씨의 마음이 어땠는지를 보시면 어떤 식의 메시지였는지 알 수 있습니다.

그렇다면 우리는 어떤 종류의 메시지를 통해 상대방에게 긍정적이고 존중하는 마음을 보여 줄 수 있을까요?

1. 인지: 사람에게 어떤 이야기를 하기 전에 그 사람을 알아보는 것이 먼저입니다. 상대방이 원하는 메시지가 있는지 혹은 누군가 나의 메시지를 기다리고 있지는 않은지 우리는 살펴봐야 합니다. 매우 쉽고 기본적인 부분이지만 우리는 답변을 기다리는 상대방에게 반응하지 않는 경우가 꽤 많습니다.

2. 인정: 상대방의 이야기를 잘 듣고 생각과 감정을 인정하는 것은 존중, 그 이상의 반응입니다. '듣기'의 가장 일반적인 형태일 것입니다. 하지만 듣는 척을 한다면 오히려 더 부정적인 효과를 나타냅니다. 적극적으로 인정하기 위해서는 질문을 하거나 그 사람의 말을 다시 한번 확인하는 것이 좋습니다.

3. 지지: 지지는 상대방의 의견이 나와 같거나 중요하다는 것을 알아챘다는 의미입니다. 지지를 표현하기 위해 상대방의 의견에 동의하거나 칭찬하는 방법은 아주 효과적으로 대화에 작용합니다.

사람들은 자신이 인정받는다고 느낄 때 자신이 가치 있다고 생각합니다. 또한 개방적인 대화를 통해 피드백을 주고받고 제안을 하고 의견을 낼 수 있는 기회가 주어질 때 직원들은 관리자와 동료들에게 고마움을 느낍니다.[24]

---

24) Goleman, D. (2006). The socially intelligent. Educational leadership, 64(1), 76-81.

존중 지향 메시지라는 것은 인정, 지지와 같은 방법을 통해서 표현하지만 나 스스로에 대한 인정과 지지로부터 시작하기도 합니다. 말이라는 것은 단순히 의사 표현일 뿐만 아니라 나의 생각이 나오는 창구입니다. 그렇기 때문에 존중 지향 메시지를 주로 사용하는 사람들을 보면 상대방을 인정해 줌으로써 자신도 인정받는다는 것을 알고 있을 것입니다. 유재석 씨가 진행하는「유 퀴즈 온 더 블록」이라는 프로그램을 보면 일반인 혹은 연예인 출연자가 나와 자신의 이야기를 하는데 작은 것도 큰 성과로 인정해 주는 유재석 씨의 대화하는 모습을 볼 수 있습니다. 그런 것들을 보면 유재석 씨는 스스로와 타인에게 모두 인정받는 사람임을 알 수 있습니다.

서로에 대한 생각과 감정이 의사소통의 분위기를 만들어 내고 그러한 영향이 개개인에게 흘러갑니다. 결국엔 나에서부터 시작된 소통이 나로 돌아오는 것입니다. 여러분은 어떤 의사소통을 주로 하고 계신가요? 내가 있는 곳의 소통 날씨는 요즘 어떤가요?

[심리학으로 생각하고 말하기]

1) 우리 팀의 소통 분위기를 날씨로 표현한다면? 맑음/쾌청/쨍쨍/흐림/비/폭풍/천둥번개/눈

→ 최근 직원끼리 불화가 있었습니다. 서로에 대한 미움이 남아 있어 먹구름이 잔뜩 낀 흐린 날씨 같았습니다. 언제 날씨가 맑아질지 모르겠으나 곧 한바탕 비가 내리고 폭풍이 불어올 것 같은 느낌입니다.

2) 내 주변에 소통의 흐름을 원활하게 해 주거나 반대로 흐름을 방해하는 사람이 있나요? (없다면 나…?)

→ 같은 부서에 꼭 초를 치는 사람이 한 명 있습니다. 분위기가 좋을 때는 굳이 안 좋은 얘기를 꺼내서 분위기를 다운시킵니다. 그 사람의 머릿속이 궁금합니다. 또 분위기가 안 좋을 때는 혼자 신난 느낌입니다. 왜 그럴까… 혼자 돋보이고 싶은 걸까. 아니면 분위기 파악을 못하는 사람일까. 그럴 때 보면 또 큰 의도를 갖고 분위기를 깨는 것 같진 않습니다. 그냥 그 사람을 배제하고 팀 분위기를 파악해야 할 것 같습니다.

만날 순 없지만 만나고 있어 '-'a

[상황 그리고 대화]

　은혜 씨와 보나 씨는 고객사와 협력사 사이로 처음 만났습니다. 은혜 씨는 보나 씨가 처음 만났을 때 말도 별로 없고 너무 작은 목소리로 얼버무리듯이 이야기해서 좀 당황스러웠습니다. 잘 들리지 않아 무슨 말인지에 대한 확신이 없어 여러 번 물어서 확인해야 했습니다. 그렇게 함께 일을 하면서 이메일을 주고받거나 카톡으로 이야기하는 경우가 많아지면서 은혜 씨는 보나 씨에 대한 인상이 바뀌기 시작했습니다. 처음에는 좀 의아했습니다. 면 대 면으로 이야기할 때와는 다르게 이메일상에는 굉장히 정확한 정보를 바탕으로 이해하기 쉽게 정리된 내용을 볼 수 있었기 때문입니다.

　또한 은혜 씨는 SNS를 하면서 코로나19로 만날 수 없는 친구들을 온라인으로 더 자주 소통하기 시작했습니다. 실제로 자주 만날 순 없지만 오히려 더 친밀감이 들었고, 고등학교 친구들과는 맥주를 들고 줌(Zoom, 화상 미팅 플랫폼)으로 만나 수다를 떨기도 했습니다. 처음에는 친구들을 못 만나 좀 우울감이 들었지만(사람 좋아하는 은혜 씨) 온라인 만남에 익숙해지면서 그런 마음들이 해소됨을 느꼈습니다. 친구들이 놀러 주는 좋아요가 긍정적 피드백처럼 느껴져서 게시물도 자주 올리곤 했습니다. 해외에 있거나 지방에 있어 자주 만나지 못하는 친구들도 가까이 있는 것처럼 느껴졌습니다.

 얼마 전에는 은혜 씨와 같은 애완견 비숑을 키우는 이웃 주민을 우연히 SNS로 알게 되었습니다. 서로 팔로우를 하고 서로의 사진에 좋아요를 누르면서 조금씩 친해지는 기분이 들었습니다. 온라인에서뿐만 아니라 오프라인에서도 함께 공원을 산책하는 사이로 발전하며 더 친한 사이로 발전했음을 느꼈습니다.

[대화 들여다보기]
 여러분도 은혜 씨와 같은 경험을 하신 적이 있으신가요? 요즘은 실제로 만나서 대화를 하는 것보다 이메일이나 메신저, SNS를 통해서 소통하는 경우가 더 많아지고 있습니다. 기술의 발달도 그렇지만 코로나19의 영향도 많이 반영된 것 같습니다.

 은혜 씨가 처음 보나 씨를 만났을 때는 아무래도 첫인상이 좋지 않았겠죠? 내향적이고 소극적인 모습에 신뢰감이 낮았을 수 있습니다. 여러분도 아시다시피 '첫인상 효과(초두 효과)'라고 해서 처음 만나서 정해진 사람의 인상을 바꾸기가 꽤 어렵습니다. 그래서 면접을 볼 때도 첫인상이 중요하다고 하는 거죠! 소개팅도 마찬가지고요.
 처음에는 시작하는 관계에서 첫인상만으로 그 사람에 대해 평가할 수밖에 없었습니다. 서로에 대한 정보가 현재 보고 있는 모습이 전부니까요. 그래서 은혜 씨는 보나 씨를 내향적이고 일을 잘 못하는 사람으로 인지한 것이죠. 하지만 함께 일을 하다 보니 주고받는 메시지가 굉장히 많앉을 겁니다. 그러다 보니 이제는 일 잘하고 수줍은 사람으로 생각하게 된 것입니다. 관계적인 측면에서도 이전보다 더 친밀한 관계가 되었습니다. 이렇듯 이메일, 메신저, 트윗, 페이스북, 인스타그램 등의 소셜 미디어를 통한 소통은 관계를 더 좋은 쪽으로 발전시킬 수 있습니다.

  은혜 씨는 사람을 좋아합니다. 사람들과 만나서 소통하고 서로의 일상을 공유하는 것들이 은혜 씨의 삶을 충만하게 해 줍니다. 그런데 코로나 19로 인해 좋아하는 것들을 못 하게 되어 버렸습니다. 처음에는 출퇴근하면서 회사 사람들과 조금씩 소통할 수 있었지만 심각한 상황이 지속되면서 결국 은혜 씨네 회사도 재택근무를 하게 되었습니다. 편안하게 일할 수 있는 환경이 좋긴 했지만 사람 좋아하는 은혜 씨는 재택근무가 길어지고 사람 만나는 게 어려워지면서 우울감이 밀려오기 시작했습니다. 가슴이 답답하고 계속 기분이 별로 좋지 않았습니다. 카카오톡에서 친구들과 이야기를 해도 풀리는 것 같지 않은 기분이 들었습니다. 그러던 어느 날 친한 고등학교 친구들을 못 본 지 6개월이 넘어가자 한 친구가 화상 채팅으로 만나자고 제안을 했습니다. 늘 회의만 그런 식으로 하다가 '왜 친구들 만날 생각을 못 했지?'라고 의문이 들면서 각자 맥주와 안주를 챙겨 컴퓨터 앞에 모여 앉았습니다. 은혜 씨를 포함한 네 명의 친구들은 비록 온라인이지만 오랜만에 보는 서로의 얼굴에 반가워하며 그동안 있었던 일을 신나게 떠들고 웃으며 시간을 보냈습니다. 몇 시간이 흘렀는지도 모르게 수다를 떨고 나니 은혜 씨는 마음이 한결 가벼워짐을 느꼈습니다.

  그리고 오랜 친구 한 명이 캐나다에 살고 있어 얼굴을 보기는 너무 어렵지만 인스타를 통해 서로의 사진과 안부를 보고 자주 소통하다 보니 거리가 무색하게 여전히 오래전 옆에서 웃고 떠들던 사이처럼 느껴졌습니다.

인스타로 만난 개 친구(개를 통해 만나게 된 개의 주인)와 함께 공원을 산책할 수 있었던 것은 인스타로 관심사가 비슷한 사람들끼리 서로 팔로우하고 서로의 의견을 주고받는 일이 많아졌기 때문입니다. 예전에 은혜 씨의 생각은 인스타에서 새로 만나는 사람들에 대한 경계심이 강했는데 우연히 알게 된 사람들과 관심사가 비슷하다 보니 말이 잘 통하는 것을 느꼈습니다. 그 이후로 적절하게 팔로잉(친구하기)과 언팔로잉(친구 안 하기)을 해 가며 다양한 사람들과 관계를 맺었습니다.

[심리학 힌트]

사람과의 거리를 좁혀 주는 비대면 커뮤니케이션

[심리학으로 들여다보기]

4차 산업 혁명과 함께 기술의 발전이 의사소통에도 영향을 미치고 있습니다. 화상 통화나 메신저를 통해 꼭 만나지 않아도 얼마든지 업무를 처리할 수 있습니다. 또한 소셜 미디어를 통해 멀리 떨어져 있는 사람들과도 의사소통이 가능해졌습니다. 여러분의 소셜 미디어를 통한 소통 라이프는 어떠신가요? 은혜 씨처럼 새로운 사람과 관계도 맺고 서로의 것들을 공유하고 계신가요?

의사소통의 방식은 과거부터 다양하게 변해 왔습니다.

만나서 소통 ⇒ 편지 ⇒ 전화(음성) ⇒ 화상 ⇒ SNS

이렇게 변화하면서 우려의 목소리도 높았습니다. 소셜 미디어 의사소통이 사람과 사람 간의 삭막함을 가져오고 관계를 오히려 망칠 수 있다는 우려도 나오곤 했습니다. 물론 비대면으로 익명성을 악용하여 쉽게 상처 주는 사람들 때문에 많은 문제가 야기되고 있습니다. 문자 기반의 메시지를 빈번하게 사용하는 대학생들을 대상으로 한 연구에서 면 대면(서로 얼굴을 마주보며 하는) 소통은 개인의 의사소통 욕구와 정보적 욕구, 사교적 욕구를 충족시킨다는 측면에서 비대면 의사소통과 비교할 수 없다고 이야기합니다.[25] 하지만 많은 연구들이 소셜 미디어를 통한 비대면 의사소통은 관계에 있어 양적, 질적으로 도움을 주기도 한다고 말합니다.

이러한 비대면 소통의 첫 번째 장점은 소셜 미디어를 통해 의사소통을 하는 경우 관계를 더 쉽게 유지할 수 있다는 점입니다. 은혜 씨처럼 함께 일하는 사람, 자주 못 만나는 친구들, 멀리 사는 지인 같은 경우죠. 예전에 몸이 멀어지면 마음도 멀어진다는 말을 많이 했지만 지금은 몸이 멀어져도 마음은 가까이할 수 있습니다. 소셜 미디어 덕분에요! 가까운 사람들과 함께 일하는 사람을 더 선호하는 경향은 '근접성 유인 원리'라고 합니다. 이러한 원리를 바탕으로 우리는 물리적인 거리를 온라인에서 좁혀 가까움을 느끼며 그들과 더 친숙해지고자 합니다.

---

25) Flanagin, A. J. (2005). IM online: Instant messaging use among college students. Communication Research Reports, 22(3), 175-187.

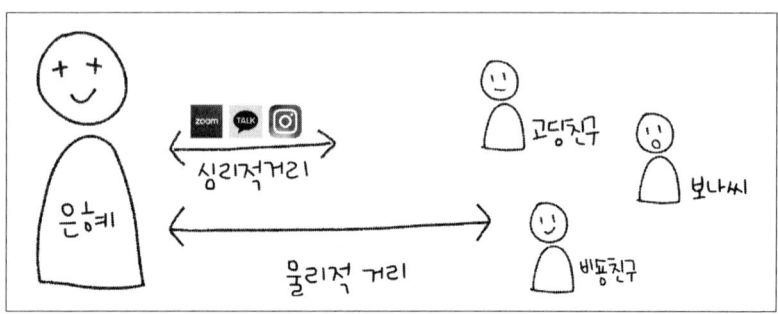

두 번째 장점은 온라인 메시지의 대부분은 문자 + 이모티콘으로 이루어지기 때문에 성별, 나이, 사회 계층, 인종으로부터 오는 차이를 최소화할 수 있다는 것입니다. 그러므로 사람들이 친밀감을 더 느낄 수 있고 시공간의 제약 없이 사회 관계망을 가질 수 있습니다.[26]

페이스북 사용자들은 SNS를 이용하지 않는 사람들에 비해 친구들로부터 더 많은 신뢰와 지지를 받고 친밀한 친구들도 더 많다는 연구 결과도 있습니다.

그렇다면 SNS에 애착을 보이는 현대인들의 관계는 문제가 없을까요? 한 연구에 의하면 커뮤니케이션 성향 중 자기를 드러내는 자기 노출과 외향적인 성향이 모바일 SNS의 애착 수준과 관련이 있다고 합니다. 즉, 외향적인 사람들이 SNS를 많이 사용하고 SNS 상호 작용을 활성화하며 이용 후에도 실제 대인 관계에 긍정적인 영향을 미치는 것입니다. 결과적으로 SNS 상호 작용을 많이 하는 경우 대인 관계에 매우 높은 긍정적인 영향을 미칠 수 있다고 합니다.[27]

---

26) Miczo, N., Burgoon, J. K., & Motley, M. (2008). Facework and nonverbal behavior in social support interactions within romantic dyads. Studies in applied interpersonal communication, 245-265.
27) 최세경, 곽규태, 이봉규. (2012). 커뮤니케이션 성향과 모바일 SNS 애착이 SNS 상호작용과 이용 후 대인관계 변화에 미치는 영향 연구. 사이버커뮤니케이션학보, 29(1), 159-200.

물론 소셜 미디어의 단점도 분명히 존재합니다. 앞서 말한 대면보다 더 손쉽게 소통할 수 있는 익명성, 그리고 한번 작성한 글이 쉽게 사라지지 않는 영속성(잔존성), 함축적인 메시지나 길게 설명할 수 없는 특성상 메시지 자체가 불충분하기 때문에 마음에 상처를 쉽게 입기도 하고 신종 범죄들도 발생하고 있습니다. 사실 SNS로 소통을 활발하게 하시는 분 중에 정말 자신에게 일어난 심각한 일에 대해서는 충분한 사회적 지지를 받지 못하는 경우가 있을 수 있습니다. 사람의 표정과 눈에 보이지 않는 여러 가지 것들이 모두 포함된 면 대 면 소통과는 차이가 날 수밖에 없습니다. 그리고 오히려 많은 SNS 소통을 하고 있지만 고독하거나 피로감을 느끼는 경우도 발생합니다.

그리고 비대면 소통이 대면 소통과 유사한 결과를 도출할 수 있을 거라 기대하지만 여러 연구를 보면 그렇지 않음을 알 수 있습니다. 한 연구에서는 페이스북을 많이 이용할수록 정서적 안정감과 삶의 만족도를 감소시키는 것으로 나타났습니다.[28] 여러분이 이용하는 인스타그램이나 페이스북에는 우울하고 슬픈 장면보다는 멋진 경험을 하고 있는 순간이 더 많이 담겨 있기 때문입니다. 여러분도 인스타그램을 보면서 '다들 좋은 곳에 놀러 가는데 왜 나만 집에 있지?' 이런 생각해 보신 적 있으시죠? 자신과 타인을 끊임없이 비교하고 스스로를 낮게 평가하기 때문에 자꾸 부정적인 기분을 느끼는 것입니다.

---

28) Kross, E., Verduyn, P., Demiralp, E., Park, J., Lee, D. S., Lin, N., ⋯ & Ybarra, O. (2013). Facebook use predicts declines in subjective well-being in young adults. PloS one, 8(8), e69841.

최근 조직에서도 SNS의 사용이 늘면서 긍정적인 영향과 부정적인 영향 모두 늘고 있습니다. 한 연구에서는 조직 SNS 사용이 많을수록 팀 커뮤니케이션과 팀 응집력은 높아지지만 업무 집중도는 떨어지고 SNS 스트레스는 높아진다고 나타났습니다.[29] 따라서 조직에서 SNS를 업무에 활용하는 경우 개인과 팀 측면에서 모두 긍정적인 효과를 나타낼 수 있는 방법을 찾아야 합니다.

우리는 비대면 소통과 면 대 면 소통 중 어느 한 가지만 사용할 수 없는 환경의 영향 아래 살고 있습니다. 자신에게 긍정적인 영향력을 줄 수 있을 정도의 통제력이 필요합니다. 소셜 미디어를 활용한 의사소통으로 새로운 관계 형성과 소통을 쉽고 가깝게 할 수 있다는 장점이 있지만 그것만 사용한 소통으로 이루어진 관계는 온전할 수 없다는 것을 알아야 합니다.

그리고 비대면 소통에도 적절한 예의가 필요하다는 사실도 잊으시면 안 됩니다. 내가 이 시간에 이 사람에게 이런 메시지를 보냈을 경우 그 사람은 어떻게 받아들일 것인가 하는 내 상황이 아닌 그 사람의 상황에서 생각을 해 봐야 하는 부분입니다.

말은 주워 담을 수 없지만 글은 보내기 전까지 썼다 지웠다 할 수 있잖아요? 물론 보내고서도 지울 수 있는 기능도 있습니다. 그렇더라도 신중한 태도와 진정성 있는 마음으로 비대면 소통에 임해야 서로에게 긍정적인 효과를 얻을 수 있을 것입니다.

---

29) 탁진국. (2013). 조직 SNS (Social Networking Service) 사용의 선행변인과 결과변인에 대한 연구. 한국심리학회지: 산업 및 조직, 26(3), 437-461.

[심리학으로 생각하고 말하기]

Q) 하루에 SNS를 얼마나 많은 시간 동안 사용하는지 알고 있나요? 비대면 소통과 면 대 면 소통의 비율을 정해 본다면 얼마나 될까요?

→ 회사 내에서도 면 대 면으로 일하고 있지만 메신저를 많이 사용합니다. 핸드폰 사용 시간을 핸드폰이 알려 주는데 평균 4시간이 넘는 것이 좀 충격적으로 와닿았습니다. 핸드폰 사용 시간을 줄이고 불필요한 SNS 사용을 자제하고자 합니다. 소통 비율은 비대면 7, 대면 3 정도이지 않을까 생각합니다.

Q) 소셜 미디어로 친밀감을 느끼게 된 사람이 있나요? 어떤 부분에서 그 사람과 가까워질 수 있었나요?

→ SNS에서 귀여운 강아지 사진에 좋아요를 눌렀다가 알게 된 사람이 있습니다. 응원하는 야구팀도 같고 함께 야구장을 간 날도 있지만 만나지는 못했지만 내적 친밀감을 느끼고 지속적으로 SNS상으로 소통하고 있습니다. 강아지를 좋아하고 야구에서 같은 팀을 응원한다는 동질감이 관계를 형성하는 데 큰 영향을 준 것으로 생각합니다.

깊이 있는
　　관계를 위한
커뮤니케이션

03

더 높이 앉아 있는 사람의 말과 행동

[상황 그리고 대화]

권 매니저와 김 매니저는 같은 부서 소속입니다. 두 사람 모두 금년에 승진을 했고 각 팀에서 매니저라는 직책을 부여받아 새로운 환경에 최선을 다하고자 마음먹었습니다. 그런데 몇 달 뒤 각 팀의 팀원들로부터 새로운 매니저에 대한 평가가 엇갈리기 시작했습니다. 권 매니저는 팀원들 대부분의 긍정적인 평가를 받고 있었고 그와 반대로 김 매니저는 부정적인 평가를 받고 있었습니다.

먼저, 권 매니저가 해당 팀원들과 대화하는 모습입니다.

권 매니저는 얼마 전 납품업체에 제품 최종 점검을 확인하러 갔다가 중대한 오류를 발견했습니다. 다행히 출고 전이라 수습을 할 수 있었는데 해당 업무 담당자가 엄청난 스트레스를 받고 힘들어하는 모습을 보고 대화가 필요하다고 생각하였습니다.

권 매니저: 지원 씨, 어떤 과정에서 오류가 발생했는지 알 수 있나요?

지 원: 매니저님 정말 죄송합니다. 제가 마지막에 내역을 제대로 확인 못 한 것 같습니다….

권 매니저: 지원 씨가 실수하긴 했지만 그래도 출고 전에 확인해서 큰 문제없이 넘어갈 수 있었으니 괜찮아요. 이미 일어난 일이고 지원 씨랑 내가 다행히 수습도 잘했고. 그러니까 이제 자책보다는 다음에 실수 없이 일을 처리하는 게 중요하겠죠?

지 원: 네, 알겠습니다.

권 매니저: 다른 직원들도 이러한 일이 있을 수 있으니까 최종 확인 단계에서 크로스 체크를 할 수 있는 방법도 한번 생각해 보겠어요?

지 원: 넵, 다른 팀원들과도 함께 고민해 보겠습니다.

이번엔 김 매니저와 팀원의 대화를 볼까요?
상황은 이렇습니다. 김 매니저는 입사한 지 얼마 안 된 팀원에게 재고 목록 정리를 지시하였습니다. 그런데 가지고 온 데이터가 원하는 데이터가 아님을 확인했습니다. 김 매니저는 신입 사원을 불렀습니다.

김 매니저: 보현 씨, 일을 왜 이렇게 해요?

보 현: 네? 어떤 것 때문에 그러세요?

김 매니저: 내가 재고 품목 추이를 보자고 했지 이런 데이터를 보자고 한 게 아니잖아요?

보 현: 아…. 저는 매니저님께서 재고 목록만 달라고 하신 거라고 생각했습니다.

김 매니저: 일을 할 때는 좀 잘 생각해 보고 하세요. 이렇게 사소한 것도 잘 못하면 다음에 일을 어떻게 하려고 해요?

보　　현: ….

[대화 들여다보기]

　여러분이 팔로워로서 가장 기억에 남는 리더가 있다면 어떤 유형의 리더인가요? 혹시 그 리더가 권 매니저 혹은 김 매니저 같은 유형은 아닌가요? 누군가 기억에 남았다면 그 당시 리더의 말과 행동이 너무 좋았거나 반대로 너무 좋지 않아서 기억에 남았을 겁니다. 만약 현재 리더의 위치에 있다면 리더의 말과 행동이 팔로워에게 엄청난 영향을 준다는 것을 알고 계시겠죠?

　권 매니저와 지원 씨의 대화를 살펴보면 잘못을 감정적으로 탓하지 않고 현재의 상황에 초점을 맞추고 있는 것을 볼 수 있습니다. 만약 상황이 더 안 좋았다면 좀 더 질책을 했을지도 모릅니다. 하지만 현재 일이 잘 마무리되었고 향후 재발 방지를 위한 장치를 만드는 것이 더 중요하다고 판단했습니다. 자신이 최종 책임자이기 때문에 실수한 지원 씨만을 탓할 수도 없습니다. 그래서 지원 씨와 본인이 해당 일을 함께 처리했다고 이야기하며 하나의 목적을 가지고 있다는 것을 은연중에 언급했습니다. 성과 역시 팀 분위기만큼 좋았습니다.

　권 매니저는 입사 후 본인이 리더가 된다면 어떻게 해야 하는지에 대해 고민을 많이 해 왔습니다. 그 당시 리더는 너무 강압적이고 무책임한 태도를 보였기 때문에 본인은 그러지 않아야겠다고 다짐했습니다. 그리고 주변의 리더들을 살펴보며 어떤 부분은 배우고 어떤 부분은 배우지 않아야 할지에 대해 꾸준히 고민했습니다. 그래서 현재는 팀원들이 함께 나아가고자 하는 방향을 공유하고 감정적으로 대하지 않는 책임감 있는 리더가 되고자 노력하고 있는 것입니다. 그러다 보니 팔로워들은 자연스럽게 권 매니저를 따르고 권 매니저를 좋은 리더라고 생각하게 된 것이죠.

김 매니저와 보현 씨의 대화를 살펴볼까요?
김 매니저는 보현 씨에게 다짜고짜 "일을 왜 이렇게 해요?"라고 말하며 구체적이지 않은 피드백으로 대화를 시작했습니다. 보현 씨는 당황했겠죠? 잘못한 부분이 있다면 구체적으로 이야기를 해 주었어야 합니다. 책 앞부분에 나왔던 '추상화 사다리' 기억나시죠? 만약 김 매니저가 보현 씨랑 오래 일한 사이라면 단번에 서로가 무슨 이야기를 하는지 알 수도 있지만 보현 씨는 입사한 지 얼마 안 된 직원이기 때문에 더 세부적으로 알려 주었어야 합니다. 그리고 "이렇게 사소한 것도 실수하면 다음에 일을 어떻게 하려고 해요?"라는 말을 통해 이미 일어나지 않은 다음 실수를 걱정하는 것이 보현 씨에게 상당히 부담스러운 말이지 않을까요?

리더는 팀 구성원을 각각에 맞는 적합한 방법으로 이끌어야 합니다. 보현 씨에게는 회사의 프로세스와 왜 이 일을 해 줘야 하는지, 어떤 방식으로 해야 하는지, 모르면 누구에게 물어봐야 하는지 등을 함께 이야기해 주면 좋았을 것입니다. 아마 일을 시킬 때도 구체적인 언급이 부족했기에 자신이 원하는 결과물을 받을 수 없었던 것입니다.

김 매니저는 승진 운이 좋았습니다. 입사한 동기 중에 가장 빠르게 진급한 케이스입니다. 윗사람들의 마음을 잘 알아차리는 눈치 빠른 직원이었습니다. 그리고 일 처리도 아주 잘하는 직원이었습니다. 상사가 시킨 부분은 워낙 빠르게 처리하여 피드백하고 상사가 대충 말해도 찰떡같이 알아듣는 아주 사랑스러운 직원이었죠. 그러다 보니 자신이 리더의 자리에 앉았을 때 팀원들이 자신처럼 말귀를 잘 알아듣고 하나를 시키면 여러 개의 결과물을 가져올 것이라고 기대했던 거죠. 물론 그런 직원도 있고 아닌 직원도 있으나 자기처럼 일 잘하고 대충 말해도 알아들을 거라는 마음으로 직원을 바라보기 때문에 팀원과 매니저 사이에 서로에 대한 만족도가 떨어질 수밖에 없는 겁니다. 신입 사원한테까지 그런 잣대로 업무 방식을 평가하면 받아들이는 입장에서 상당히 당황스러울 겁니다.

[심리학 힌트]

팔로워의 존중을 이끌어 내는 리더의 커뮤니케이션

[심리학으로 들여다보기]

세상에는 많은 종류의 리더가 존재합니다. 그렇다면 어떤 리더가 가장 좋은 리더일까요? 성과 중심형 리더? 아니면 논리적이고 분석적인 리더? 리더십의 유형은 많지만 '어떤 리더가 가장 좋은 리더다.' 하고 결론을 내리긴 어렵습니다. 세상 모두가 다른 성격을 갖고 있듯이 리더 역시 각자의 성격과 업무 방식을 갖고 있기 때문입니다. 그리고 리더와 팔로워, 조직의 기본적인 요소는 관계이기 때문에 어떤 식으로 커뮤니케이션을 하느냐가 그 리더의 스타일을 결정하고 이에 따라 조직의 성과가 달라질 수 있습니다. 또한 해당 팀과 조직, 업무의 특성에 따라 더 효율적인 리더십 유형이 존재하기도 합니다. 조직의 요구에 따라 똑같은 리더라도 성공적인 리더가 될 수도, 그렇지 않을 수도 있습니다. 보수적인 조직에 근무할수록 목표 지향적이고 권위적인 리더를 잘 따를 수 있고 대학교수처럼 연구 업무를 하는 근로자들은 스스로 목표를 세우고 관리하는 자유로운 분위기를 만들어 주는 리더를 선호한다는 연구 결과도 있습니다.[30]

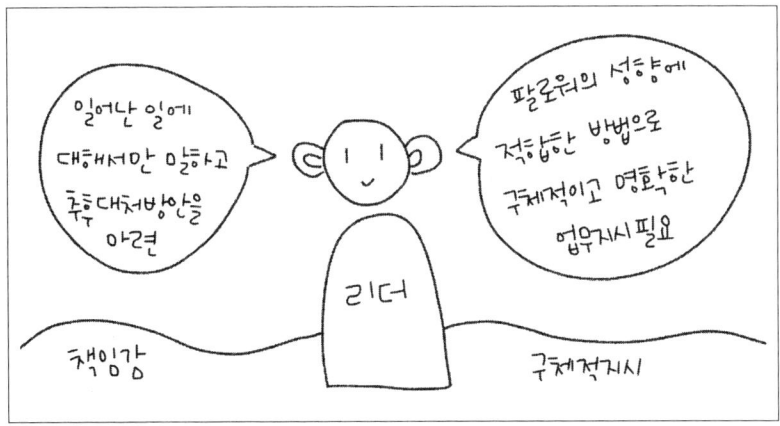

리더는 조직을 효율적으로 변화시킬 수 있고 조직의 요구에 따라 자신의 방식을 적절하게 맞춰 갈 수도 있습니다. 따라서 우리는 리더가 의사소통과 관계를 통해 조직을 효율적으로 변화시키는 방법에 초점을 맞춰 보고자 합니다. 리더십의 효율성은 사람과 상황의 상호 작용에 따라 결정되기도 하니까요.

---

30) Hogan, R., Curphy, G. J., & Hogan, J. (1994). What we know about leadership: Effectiveness and personality. American psychologist, 49(6), 493.

우선 팔로워의 역량을 최대로 이끌어 내면서 좋은 성과를 도출하기 위해서는 리더와 팔로워와의 소통 방식이 중요합니다. 리더에게는 많은 역할이 필요합니다. 팔로워들에게 영향력도 있어야 하고 업무를 효과적으로 수행할 수 있는 자극도 주어야 합니다. 또한 스스로 동기 부여할 수 있도록 지속적인 관심과 낙관적인 미래를 제공해야 하며 각 구성원 개개인별에 대한 장단점을 알고 그것을 활용할 수 있도록 지원해 주어야 합니다. 위와 같은 내용들을 어떤 식으로 전달하고 공유하느냐에 따라 긍정적인 결과를 도출하기도 하고 반대로 부정적인 결과를 마주할 수도 있습니다. 이 책의 앞에서 이야기한 소통의 기본들이 리더에게도 똑같이 적용될 수 있을 거라 생각합니다.

물론 기본적인 방법들만 알아도 좋은 리더가 될 수 있지만 우리는 조금 더 리더에게 필요한 소통 방식을 알아보고자 합니다.

먼저 리더 본인의 소통 방식부터 확인해야 합니다. 인정받는 좋은 리더가 되고 싶다면 현재 내가 말하는 방식, 팔로워를 대하는 태도부터 알아야 합니다. 단답형으로 이야기하는 츤데레 리더가 어느 날 갑자기 좋은 리더가 되겠다고 노력을 한다고 해서 갑자기 정서를 공감해 주고 칭찬을 쏟아붓는 리더가 될 수는 없습니다. 자신이 할 수 있는 말과 행동의 폭을 먼저 확인해야 더 나은 단계로 올라갈 수 있습니다. 만약 자신의 소통 방식을 잘 모르겠다고 생각한다면 팔로워들과 이야기를 나누면서 그들의 표정과 몸짓, 답변을 잘 살펴보세요. 편안해 보이나요? 아니면 경직되어 있나요? 그들의 반응이 리더인 당신에 대한 답변이라고 생각하시면 됩니다. 만약 직접적으로 물어본다면 솔직하지 못한 답변을 들을 수 있는 확률이 높습니다. 눈앞에 리더를 두고 솔직하게 부정적 피드백을 할 만한 팔로워가 많지는 않겠죠?

두 번째로 리더는 팔로워의 업무 경력과 방식에 따라서 소통 방식도 달라야 합니다. 신입 사원일 경우 명확하고 체계적으로 업무를 요청해야 합니다. 김 매니저처럼 '재고 목록 정리'를 요청한다면 서로가 업무를 진행하기 어렵습니다. 신입 사원은 어떤 방식으로 어떤 데이터를 어떻게 정리해야 하는지 알 수가 없고 김 매니저도 원하는 재고 목록을 받을 확률이 줄어듭니다. 반대로 경력이 많은 팀원일 경우 스스로 책임지고 할 수 있도록 자율성과 업무를 함께 부여해야 합니다. 경험이 있기 때문에 리더의 방식대로 업무를 요구한다면 그러한 지시적 리더십에 잘 따르려고 하지 않을 수 있습니다. 그리고 프로젝트 중간에 새로운 리더가 팀으로 온 경우 리더보다 기존 팀원들이 해당 프로젝트에 더 익숙하다고 판단해서 리더가 강압적으로 지시할 경우 프로젝트의 결과가 나쁜 방향으로 흘러갈 수 있습니다.

세 번째, 리더가 어떻게 감정을 표현하느냐에 따라 팔로워에게 상반된 영향을 줄 수 있습니다. 리더의 소통에 대한 연구를 살펴보면 리더의 표정과 목소리, 자세 등의 비언어적인 수단과 칭찬 과 비난 등의 언어적인 피드백을 통해 정시를 표현한 결과 팀원들의 긍정 정서와 부정 정서에 영향을 미치는 것으로 나타났습니다.[31] 리더의 무표정에서 팀원들은 불안과 화남 같은 부정 정서를 경험할 수 있고 짧은 칭찬 한마디에도 행복과 성취와 같은 긍정 정서를 경험할 수 있습니다. 따라서 리더의 작은 말과 행동이 팀원들에게 엄청난 영향을 줄 수 있다는 사실을 리더는 인지하고 있어야 합니다.

---

31) 최대정, 박동건 and 최가영. (2005). 리더의 정서 표현이 팀 구성원의 정서경험에 미치는 영향: 정서규범과 정체화 수준의 조절효과. 한국심리학회지: 산업 및 조직, 18(2), 201-224.

좋은 리더는 좋은 팔로워를 만듭니다. 그리고 좋은 팔로워들은 좋은 리더가 되죠. '좋다'는 의미는 어디까지나 주관적일 수 있지만 내가 속한 조직과 함께하는 사람들과의 소통이 잘되고 있다면 '좋다'고 이야기할 수 있지 않을까요? 당신은 좋은 리더인가요? 그렇지 않은가요? 이번 기회에 객관적으로 나의 리더로서 소통 방법을 점검해 보시기 바랍니다.

[심리학으로 생각하고 말하기]

1) 내가 생각하는 좋은 리더의 기준에 부합하는 사람이 있다면 누구인가요? 그 사람이 좋은 리더라고 생각하는 이유는 무엇인가요?
→ 이직 후 첫 직장의 팀장님이 내가 겪은 리더 중 가장 좋은 리더라고 생각합니다. 그 이유는 짧은 기간이었지만 팔로워들을 믿고 팔로워들의 말에 귀 기울여 주었기 때문입니다. 모든 것에 대한 책임을 지려고 하는 말과 행동이 진정한 리더라는 생각이 듭니다.

2) 싫어하는 리더가 있다면 어떤 소통 방식을 갖고 있나요?
→ 자신의 감정에 따라 행동하는 리더. 팔로워들은 상관없이 자신의 성과와 자리 보존을 위한 아부만 하는 리더. 일이 잘못되었을 때 책임을 팔로워들에게 회피하는 리더.

3) 현재 리더의 자리에 있다면 가장 개선해야 할 소통 방법은 무엇일까요? (깊이 있게 들어 주기/정서 표현하기/구체적으로 업무 지시하기 등)
→ 리더로서 팔로워들의 성향에 적합한 업무 지시가 필요하다고 생각합니다. 팔로워들과 긴밀한 관계가 필요하고 각 팔로워마다 동기 부여에 필요한 부분을 다르게 충족시켜 줘야 업무를 효율적으로 할 수 있을 것 같아 말과 행동에 대한 부분을 개선하고 있습니다.

친구가 되기 위해 서로의 마음에 침투하기

[상황 그리고 대화]

아현 씨와 태영 씨는 신입 사원 오리엔테이션에서 만났습니다. 아현 씨는 낯을 가려 조용히 앉아 있었고 태영 씨는 인싸 중의 인싸로 많은 사람들과 인사를 나누며 돌아다녔습니다. 아현 씨와 태영 씨는 오리엔테이션에서 한 팀으로 미션을 하면서 조금씩 가까워졌습니다. 태영 씨는 조용한 아현 씨에게 먼저 말 걸어 주고 잘 챙겨 주었습니다. 두 사람은 친한 사이로 직장 생활을 시작하면서 서로에게 좋은 동료가 되어 줄 수 있을 거라고 생각했습니다. 그러던 어느 날, 태영 씨는 아현 씨와 이야기를 하면서 이 관계에 대한 의문이 들기 시작했습니다.

태영: 아현 씨! 요즘 김 팀장님 기분 되게 안 좋던데 무슨 일 있어요?
아현: 저희 팀장님이요? 글쎄요…. 회사에서는 딱히 무슨 일은 없는 것 같아요.
태영: 그렇군요! 저희 매니저님은 요새 엄청 기분이 좋으셔 가지고 개카(개인 카드)로 밥을 엄청 잘 사 주시더라구요. 하하.

아현: 진짜요? 좋겠다!

태영: (조용하게) 승진 명단에 올랐다는 소문이…. (웃음)

아현: 와! 엄청 스피디하게 올라가시네요?

태영: 그러니까요! 워낙 능력도 좋으시고 인정도 받으셔서 그런가 봐요! 저도 그런 케이스가 되고 싶네요.

아현: 태영 씨는 분명 가능할 거예요!

태영: 고마워요! (웃음) 저희 형도 이번에 승진했는데 완전 초고속이었거든요.

아현: 그 서울대 나오셨다던… 엄청난 형이요?

태영: 맞아요. 능력자. 쳇, 부럽다.

아현: 아유, 태영 씨도 능력자예요.

태영: 아! 그러고 보니 아현 씨는 형제가 어떻게 되요? 들어 본 적이 없는 것 같네여?

아현: 하하. 전 여동생 한 명 있어요.

태영: 아! 그렇군요! 여동생은 학생이에요?

아현: 네. (웃음)

태영: 아현 씨 닮아서 아주 똑똑하겠어요.

아현: 하하.

태영: 그 지난번에 얘기한 제 친구 중에 괜찮은 친구 있다고 말씀드렸잖아요! 그 친구 한번 만나 볼래요?

아현: 아. 그 마케팅하신다는 분이요?

태영: 네! 그 친구 진짜 괜찮아요! 허우대 멀쩡하고 직장 잘 다니고.

아현: 고민 좀 해 볼게요.

태영: 그런데 아현 씨는 어떤 스타일 좋아해요?

아현: 음… 글쎄요. 듬직하고 다정한 스타일?

태영: 오, 어울릴 것 같은데…. 그러고 보니 저는 아현 씨에 대해 별로 아는 게 없네요. 친구한테는 굉장히 똑똑하고 차분한 분이라고 얘기했거든요.

아현: 차분한 건 맞는데 똑똑한 건 잘…. (웃음) 제가 워낙 말수가 별로 없잖아요.

태영: 에이, 왜요! 뭐든 똑 부러지게 잘하잖아요. 하하.

[대화 들여다보기]

태영 씨는 왜 아현 씨와 대화를 하면서 관계에 대한 의문이 들었을까요? 아마 이야기를 하다 보니 자신에 대한 이야기는 아현 씨가 많이 알고 있는데 정작 자신은 아현 씨에 대해 아는 게 없다고 생각했을 겁니다. 그리고 아현 씨는 자신에 대한 이야기를 많이 하지 않는다는 것을 깨달은 것이죠. 아마 아현 씨도 태영 씨가 굉장히 빠른 속도로 자신에게 다가오고 있음을 느끼고 있었을 것입니다. 서로가 이렇게 느끼는 이유는 서로에 대한 정보를 공유하는 데 걸리는 시간과 깊이가 다르기 때문입니다. 다른 사람이 알지 못하는 자신의 중요 정보를 의도적으로 노출하는 과정을 '자기 노출'이라고 합니다.

태영 씨는 굉장히 외향적인 성격을 갖고 있습니다. 처음 만난 사람과도 금방 친해지고 자신의 이야기들을 스스럼없이 꺼냅니다. 사람들에게 다가가는 데 거리낌이 없으며 자신을 노출하는 정도가 빠르고 깊습니다. 아현 씨를 처음 봤을 때도 그랬습니다. 같은 팀이라는 이유만으로도 뭔가 끈끈함을 느꼈습니다. 오리엔테이션 기간 동안 많은 활동을 함께 하며 많은 것을 공유했습니다. 어쩌다 보니 서울대 나온 형 이야기도, 대학 때부터 사귄 여자 친구 이야기까지, 대학 시절 했던 과대 활동에 대한 이야기도. 그러고 보면 짧은 시간 동안 참 많은 이야기를 했습니다. 아현 씨는 잘 들어 주는 사람이었고 자신의 이야기를 재미있어 했습니다. 그래서 태영 씨는 아현 씨와 친해졌다고 생각했습니다. 그런데 어느 날 친구에게 소개팅을 해 주고 싶어 아현 씨에 대해 말하려다 보니 일반적인 사실 외에 자신이 알고 있는 정보가 많지 않다는 생각이 들었습니다. 살짝 섭섭한 기분도 들고, 친하다고 생각한 건 혼자만의 생각인 것 같기도 했습니다.

　아현 씨는 내향적인 성격을 갖고 있습니다. 처음 만난 사람에게 낯을 가리긴 하지만 본인의 생각을 표현하는 데 어려움은 없습니다. 사람들에게 굳이 자신의 이야기를 할 필요가 없다고 생각하면서 살아왔습니다. 물론 정말 친한 친구 두 명(고등학교 때부터 쭉 친구였던)에게는 자신의 모든 것을 털어놓기도 합니다. 이 친구들만 있으면 괜찮다고 생각하면서 살아왔습니다. 태영 씨를 처음 봤을 땐 참 리더십 있는 친구라고 생각했습니다. 낯설어하는 자신을 팀에 자연스럽게 참여하도록 유도하는 것을 보면서 능력 있는 동기라고 생각했습니다. 태영 씨는 이야기도 참 재밌게 잘했습니다. 아현 씨는 태영 씨의 이야기에 맞장구를 쳐 주며 잘 들어줬습니다. 하지만 가끔 '굳이 저런 이야기를 할 필요가 있을까?' 싶은 이야기도 했지만 자기에게 친밀감을 느껴서 그러는 거라고 생각했습니다. 좋은 동기가 있어서 직장 생활을 시작하는 데 많은 도움을 받을 수 있어서 좋았습니다. 그리고 태영 씨와 가까운 사이라고 생각했습니다. 그래도 아직은 자신의 개인적인 이야기들을 많이 하고 싶지는 않았습니다. 지속적으로 회사에서 동기로서 시간을 보내다 보면 많은 것들을 공유하게 되지 않을까 싶었습니다.

태영 씨는 상대방에게 정보를 공유하는 속도가 빠르고 아현 씨는 느립니다. 태영 씨는 많은, 깊은 이야기까지 공유하고 아현 씨는 적은, 객관적인 사실 위주로 공유합니다. 지구상에 존재하는 모든 인간은 다르듯이 둘은 서로에게 다가가는 속도가 조금 다릅니다. 그래도 서로에게 좋은 인상을 심어 줬으니 태영 씨는 앞으로 아현 씨 속도에 맞춰 갈 가능성이 큽니다. 쉽게 타인과 친해지는 성격의 태영 씨가 아현 씨의 그런 부분을 눈치채지 않을까 싶습니다. 아현 씨도 마찬가지로 태영 씨에게 자신의 깊숙한 정보들을 하나씩 꺼내 보여 줄 가능성이 높습니다. 물론 이 미묘하고 복잡한 속도와 깊이가 잘 맞지 않으면 둘의 관계는 그냥 처음 만난 오리엔테이션의 상태로 돌아갈 수도 있을 것입니다.

관계는 서로에 대해 얼마나 알고 있느냐에 따라 즉, 그에 대한 정보가 얼마큼 쌓였느냐에 따라 달라집니다. 상대방의 말과 행동을 파악하고 적절한 대응을 함으로써 관계를 조절할 수 있는 능력이 중요합니다. 이러한 능력은 나의 경험과 상황에 따라서 달라집니다. 대체적으로 나이가 들고 사회생활을 지속함으로써 능력치가 올라갑니다. (물론 예외도 있지만요.)

둘의 성향이 다르다고 해서 친구가 될 수 없거나 표면적인 관계만 이어 가지는 않습니다. 우리는 두 사람을 통해 사람마다 관계를 맺는 속도가 다르다는 것을 알고 서로를 알아 가는 것이 긍정적인 커뮤니케이션에 도움이 된다는 것을 알 수 있습니다. 자신의 이야기를 꺼내지 않는 사람에게 왜 이야기를 하지 않는지 독촉하지 않고 서로 다가가는 시간을 조금 기다려 준다면 편안하고 오해가 적은 소통을 이어 나갈 수 있습니다.

여러분도 분명 이런 경험을 하셨을 것이라고 생각합니다. 여러분은 태영 씨와 아현 씨 둘 중에 어떤 사람의 자기 노출 스타일과 가까운가요?

[심리학 힌트]
자기 노출에 따른 관계와 소통의 깊이

[심리학으로 들여다보기]
나에 대해 가장 많이 알고 있는 사람은 누구인가요? 그 사람과의 관계는 어떤가요?

우리는 매일 만나는 관계일수록 할 말이 더 많다고 이야기합니다. 서로에 대해 많은 정보를 공유하면 그만큼의 깊이 있는 커뮤니케이션을 할 수 있기 때문입니다. 주변 지인들 중 누구와 가까운 관계인가를 판단하는 방법은 그 사람과 얼마나 많은 정보를 공유했는가 입니다. 서로에 대한 노출 정보의 양은 친밀한 관계를 생성하고 유지하는 데 굉장히 큰 역할을 합니다.

친해지고 싶은 사람이 있다면 나도 모르게 슬쩍 다가가서 자기를 의도적으로 드러내기도 합니다. 나는 어디에 살고, 뭘 좋아하고 그런 이야기들을 하면서 관계를 시작합니다. 그리고 상대방 또한 나에 대한 정보가 귀 기울일 만한 정보라고 생각이 든다면 자신의 정보를 조금씩 꺼내어 놓습니다. 하지만 여기서 모든 이가 서로의 정보를 귀담아 듣는 것은 아닙니다. 어떤 사람은 그냥 스쳐 지나가듯이 듣기도 하고, 또 어떤 사람은 말하는 사람의 의도보다 더 깊숙이 알고자 합니다. 얼마나 다양한 범위의 정보를 공유하는지 그리고 얼마나 깊이 있게 공유하는지를 나타낸 이론을 '사회적 침투 모형'이라고 부릅니다.

태영 씨는 아현 씨에게 굉장히 많은 범위의 정보를 짧은 시간 안에 깊이 있게 이야기했습니다. 아현 씨에게 긍정적인 인상을 받아서 그렇기도 하지만 태영 씨라는 사람 자체가 누구를 만나든지 자신의 많은 부분을 많이 노출하는 편이기도 합니다. 반면에 아현 씨는 태영 씨만큼 자신의 정보를 공유하기에 꽤 많은 시간이 걸리기도 하고 또 얕은 부분의 정보들만 공유하고자 하는 성향을 갖고 있습니다. 태영 씨를 좋은 사람이라고 생각한 것은 맞지만 그래도 아현 씨에게는 아직 객관적인 정보(예를 들면 직장 내 업무 또는 동기들 관련 이야기)외에 개인적인 이야기들을 쉽게 꺼내기가 어렵습니다. 그래서 아현 씨는 태영 씨의 이야기를 잘 들어 주고 태영 씨의 이야기에 발맞춰 가는 느낌으로 커뮤니케이션을 하고 있는 것입니다.

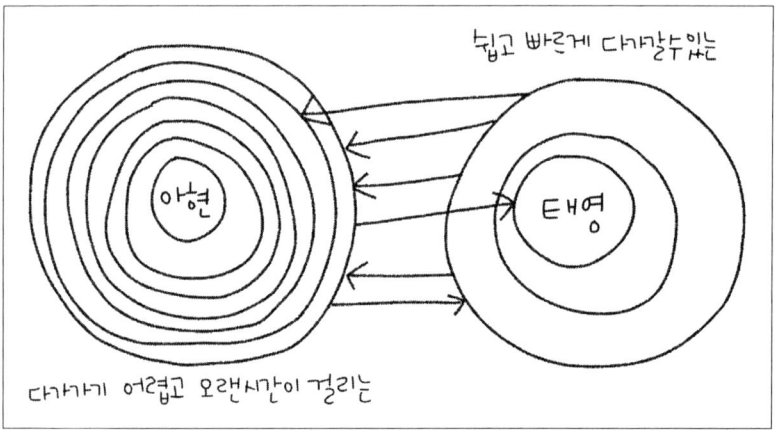

관계의 발전은 생각보다 체계적이고 예측이 가능합니다. 우리는 관계를 시작하고 발전하기 어렵다고 생각하지만 누군가를 만나고 빠른 시간에 친밀감을 느끼다 보면 그렇지 않음을 알 수 있습니다. 관계의 발달 속도는 초기와 중기에 더 빠른 속도로 성장하기 때문에 태영 씨와 아현 씨도 빠르게 서로에게 친밀감을 느껴 현재의 관계로 발전한 것입니다.

 이렇게 자기에 대한 정보 노출은 관계가 지속되고 있는 사이에도 계속됩니다. 하지만 어느 순간 자기 노출을 중단하게 되면 서로의 관계가 발전하지 않거나 끝나 버리게 됩니다. 어릴 적 친구 중에 정말 친한 친구라고 생각했는데 지속적으로 서로가 어떻게 지내는지, 어떤 상황에 있는지 정보를 업데이트하지 않으면 '친한 친구'라는 관계에서 점점 벗어나게 되는 것이죠. 그러다 만나지 않게 될 수도 있고요. 그리고 자주 보지 않다 보니 아무리 깊숙한 곳까지 공유했던 사이라 할지라도 깊이 있는 관계가 지속될 수는 없습니다. 관계의 핵심은 자기를 타인에게 개방하는 것입니다. 자기에 대한 정보의 문을 꼭 닫아 버리면 관계를 지속하기도, 시작하기도 어렵습니다.

 관계라는 것은 하나의 꽃을 심고 관리하는 것과 같습니다. 씨앗을 심고 물을 주고 햇빛을 보게 해 주는 것처럼 지속적으로 관리를 해야 합니다. 서로의 안부를 묻고 상대방의 이야기를 들으면서 그 사람이 처한 상황과 현재 마음 상태에 적합한 말을 해야 합니다. 그렇게 어느 정도의 관계가 유지되어 다년으로 피는 꽃처럼 지속적으로 꽃을 피울 수가 있습니다. 하지만 사람은 아주 예민하고 복잡한 꽃이라 단순하게 물만 잘 준다고 꽃을 쉽게 피우지는 않습니다. 그리고 한 번 꽃을 피운 관계라 하더라고 지속적인 관심을 주지 않는다면 금세 시들어 버리고 말죠. 어떤 경우에는 말 한마디가 꽃을 시들게도 하니까요.

자기 노출을 적게 해도 관계에 문제가 발생할 수 있지만 많이 해도 마찬가지입니다. 지하철에서 혹은 택시에서 처음 만난 분들이 갑자기 자신의 개인적인 이야기를 꺼낸다거나 나에 대한 정보를 물어봐서 당황스러운 경우가 있지 않으신가요? 혹은 나는 반가워서 내 이야기를 꺼냈는데 상대방 표정이 좀 불편해 보인 적이 있으신가요? 자기 노출을 많이 한다는 것은 관계와 커뮤니케이션에 있어서 자신의 취약점으로 작용할 수 있습니다. 상대방이 자신을 거부하거나 상대방에게 자신에 대한 부정적 인상을 심어 주기도 합니다. 그리고 자신도 모르는 사이에 상대방에게 상처를 주는 정보들을 내뱉어 버릴 수도 있습니다.

따라서 자기 노출에 대한 정보의 범위와 속도가 비슷해야 관계를 안정적으로 유지할 수 있습니다. 친해지고 싶은 사람이 있다면 마음의 문이 얼마나 열려 있는지 확인해 보세요. 자신의 정보를 조금씩 노출하면서 상대에 발맞춰 다가가신다면 생각보다 쉽게 더 가까운 커뮤니케이션을 하는 관계로 발전할 수 있을 것입니다.

[심리학으로 생각하고 말하기]

Q) 나는 태영 씨와 아현 씨 중 어떤 자기 노출 스타일에 가까울까요?
→ 태영 씨와 비슷합니다. 외형적이고 타인에게 잘 다가가는 성격. 하지만 나이가 들수록 이러한 부분이 좀 덜해진다는 느낌이 들기도 합니다. 자기 노출의 껍데기가 3겹 정도였는데 현재는 4겹으로 늘어난 느낌?

Q) 나의 가장 깊숙한 정보까지 공유하는 사람은 누구인가요?
→ 가장 친밀한 사람은 남편. 나에 관한 거의 모든 정보를 공유할 수 있습니다. 그리고 고등학교 친구들, 사회에서 만났지만 많은 것을 공유하는 친구들과 지속적으로 깊은 정보를 공유합니다. 최근에는 아이로 인해 만나게 된 지인들이 최근 정보를 많이 공유하기 때문에 현재 상황에서 깊이 있는 관계를 유지하고 있지 않나 싶습니다.

행복한 결혼 생활을 지속하기 위한 말

[상황 그리고 대화]

　소연 씨와 지민 씨는 결혼한 지 5년째 되는 부부입니다. 3살 된 귀여운 아이도 있습니다. 두 사람은 맞벌이 부부로 사회생활도 육아도 열심히 하고 있었습니다. 아이를 낳고 복직한 소연 씨는 육아와 일 사이에서 갈등을 엄청 많이 했습니다. 그래도 자신의 커리어를 포기할 수 없어 갓 돌이 지난 아이를 어린이집에 맡기고 회사 생활을 다시 시작했습니다. 최근 며칠간 출장을 간 지민 씨로 인해 소연 씨는 퇴근 후 육아와 집안일을 도맡아 하느라 힘이 들었습니다. 지민 씨가 출장이 끝나고 돌아오던 날, 소연 씨는 야근 후 집에 돌아왔습니다. 그간 고생했을 아내를 생각해 지민 씨는 집안일도 해 놓고 아내를 맞이했습니다.

지민: 여보! 고생했어!

소연: 어, 여보… 출장 잘 다녀왔어? 진짜 피곤하다…. (아이가 엄마, 엄마 하며 달려온다.) 헉, 우리 아들 아직도 안 잤어?

지민: 어, 엄마 올 때까지 기다린다고 안 자네?

소연: 그냥 일찍 좀 재우지….

지민: 금방 재우면 되지. 여보! 내가 여보 위해서 집안일 다 해 놨어.

소연: 여보, 집안일이 중요한 게 아니라 애를 먼저 재웠어야지. 지금 시간이 몇 신데! 내가 오면 또 애가 나보고 옆에 있어 달라고 할 건데. 하….

지민: 나도 재우려 그랬지. 근데 굳이 엄마를 보고 자겠다고 하는데….

소연: 여보는 날 위한 게 아직도 뭔지 모르는구나. 그래 집안일해 줘서 참 고맙네. 그게 원래 내 일인데 여보가 대신 해 줘서 참 고맙네.

지민: 말을 왜 그렇게 해. 난 여보 피곤할까 봐 나름 노력한 거잖아.

소연: 노력… 그 노력 난 매일 하는데. 당신이 하는 노력이랑 내가 하는 노력이랑 왜 이렇게 다르냐. (아이가 엄마한테 재워 달라고 투정을 부린다.) 응, 엄마 금방 씻고 올게. 조금만 기다려 줘!

지민: 이러니까 내가 뭘 하기가 싫은 거야. 해도 욕만 먹는데!

소연: 하지 마. 그럼 혼자 살아야지. 왜 같이 살아? 여보는 항상 그런 식이야. 좀 더 나랑 아이를 생각하고 행동하면 되잖아? 맨날 재우는 것도 자긴 못한다고 하고. 틈만 나면 핸드폰이나 하고 잠이나 자면서 뭘 그렇게 했다고 난리야.

지민: 여보도 핸드폰 맨날 하면서 뭘 나한테만 그래? 내가 아무것도 안 했어? 나도 집에 와서 설거지도 하고 빨래도 하고 아이 목욕도 시키고 하잖아. 그냥 너는 내가 맘에 안 드는 거 아냐?

소연: (아이가 와서 칭얼거린다.) 어, 엄마 금방 씻을게. 아빠랑 잠깐 있어.

지민: (엄마랑 있겠다고 아이가 운다.) 아빠랑 잠깐만 있자.

소연: 나는 내 맘대로 씻지도 못하고 이런 상황을 보면서도 여보는 끝까지 혼자 잘했다네? 그치? 피곤해 죽겠는데 참 고맙네.

지민: ….

[대화 들여다보기]

    소연 씨와 지민 씨 같은 대화를 하는 부부들이 적지 않을 것 같습니다. 맞벌이하면서 아이 키우는 일이 쉽지 않은 일이지요. 서로 사랑을 해서 연인이 되고 또 결혼까지 한 사이인데 사랑하는 사람과의 대화는 왜 항상 어려울까요? 역시 사랑하는 마음으로만 살기는 어려운 걸까요?

    친밀한 관계, 특히 부부 관계의 경우 지속 가능한 결혼 생활을 이어 나갈 수 있도록 서로에 대한 최소한의 예의가 필요합니다. 하지만 부정적인 상황에서 최소한의 예의를 지키기란 쉬운 일이 아닙니다. 소연 씨와 지민 씨의 대화를 보면서 여러분의 애인 혹은 남편, 아내와의 대화는 어떤지 한번 점검해 보시면 좋을 것 같습니다.

    소연 씨는 임신과 출산, 육아를 하는 동안 아빠와 엄마의 차이를 많이 느꼈습니다. 어쩌면 주 양육자가 본인이기 때문에 해야 할 일들이 많다고 느낀 걸 수도 있겠죠? 문제는 복직을 하고 나서부터였습니다. 남편이 집안일이나 육아를 나 몰라라 하는 스타일은 아니었지만 소연 씨 입장에서는 남편의 몫이 부족해 보였습니다. 그리고 아이도 엄마를 많이 찾기에 직장 생활과 육아의 병행은 지치는 하루하루를 안겨 주었습니다. 양가 부모님께 도움을 받을 수도 없는 상황이라 아침 일찍 아이를 어린이집에 데려다 놓고 퇴근하면 하원시킬 수밖에 없어 아이한테도 늘 미안한 마음을 갖고 직장 생활을 해야 했습니다. 먼저 퇴근하는 사람이 아이를 하원시키지만 초조하게 달려가야 하는 건 주로 소연 씨의 몫이었습니다.

지민 씨가 출장 간 일주일은 정말 지옥과도 같았습니다. 회사에서는 새로운 프로젝트에 투입되어 정신없는 일과를 보내고 있었고, 야근이 필요했지만 어쩔 수 없이 팀원들에게 미안해하며 칼퇴하고 아이를 데리러 갔습니다. 심지어 어린이집에서 아이가 다쳐 급하게 반차를 쓰고 집으로 달려오는 일도 생겼습니다. 그래서 남편이 돌아오는 오늘부터는 야근을 하고 주말에도 출근을 해야 하는 상황이었습니다. 누우면 잠들고 눈뜨면 모든 에너지를 갈아 넣어야 하는 일주일이 정말 힘들었습니다. 이런 상황에서 지친 몸을 이끌고 집에 왔는데 시간이 늦었는데도 아이가 깨어 있는 걸 본 순간 소연 씨는 폭발하고 말았습니다. 아이를 재우는 게 최우선적인 일인데 집안일을 해 놓고 칭찬을 바라는 남편을 보니 울화통이 터지는 것 같았습니다. 그래서 평소에 마음에 담아 두었던 말들을 끄집어내 남편에게 퍼부었습니다. 하지만 그렇다고 기분이 좋아지기는커녕 더 나빠지기만 했습니다.

지민 씨는 자기가 좋은 아빠이자 좋은 남편이라고 생각했습니다. 주변에 직장 동료들보다는 자신이 더 가정적이라고 생각했기 때문입니다. 아내가 복직을 하면서 함께 일을 하니 이전보다 더 많은 일을 분담해야겠다는 생각도 했습니다. 그래도 아이가 아내를 더 많이 찾고 업무 특성상 출장이 많아 아내가 더 많은 역할을 수행할 수밖에 없는 게 좀 안타까웠습니다. 이번에도 출장을 가서 아이에 대한 상황을 대충은 들어 알고 있었고, 그로 인해 아내가 엄청 힘들었을 거라고 생각했습니다. 그래서 안쓰러운 마음에 최대한 집에 일찍 돌아와 청소랑 빨래를 하고 아이를 어린이집에서 데려와 저녁을 먹이고 씻겼습니다. 엄마랑 자겠다는 아들을 열심히 재워 보려 했으나 역부족이었고 결국 늦은 시간까지 엄마를 기다리는 아들과 함께 놀아 줄 수밖에 없었습니다. 지민 씨는 좀 억울했습니다. 자기는 나름대로 최선을 다한다고 생각했는데 그걸 무시하는 것 같은 아내의 태도가 너무 기분 나빴습니다. 아내가 힘들어서 그랬겠구나 하고 넘어갈 수도 있었지만 자기의 노력을 아무것도 아닌 것처럼 취급하는 태도는 참을 수가 없었습니다. 생각하는 것의 차이인데 자신의 존재까지 깎아내리는 것 같은 느낌에 아무 말도 할 수가 없었습니다.

소연 씨와 지민 씨의 속사정을 모두 알고 나니 두 사람 모두 이해가 갑니다. 하지만 당사자일 경우 우리는 서로를 쉽게 이해하기가 어렵습니다. 지민 씨는 소연 씨의 사정을 충분히 알고 있었음에도 불구하고 소연 씨가 자신의 불쾌한 감정을 잔뜩 쏟아 낼 때 반격하지 않고 넘어갈 수가 없었습니다. 하지만 이런 식으로 부정적인 감정을 핑퐁하듯이 주고받는 형태의 커뮤니케이션을 지속한다면 관계가 무너져 버릴 수도 있습니다.

두 사람에게는 어떤 방식의 커뮤니케이션이 이루어져야 했을까요? 먼저 소연 씨는 그동안 많은 일들이 있었고 몸도 마음도 피곤한 상태였지만 남편이 집에 일찍 와서 공동의 일을 했다는 것에 감사하는 마음을 표현했으면 좋았을 것입니다. 남편이 먼저 집안일을 해 놓았다고 이야기한 것은 어느 정도 인정받고 싶은 마음이 있었기 때문이니까요. 그리고 아이가 늦게까지 깨어 있다는 건 이미 돌이킬 수 없는 상황입니다. 그렇다면 아이를 일찍 재우지 않았다는 속상한 마음에 초점을 맞춰 이야기하는 것보다 감정을 배제하고 사실을 위주로 이야기하는 것이 서로의 마음을 상하게 하지 않는 방법이었겠죠?

지민 씨도 마찬가지입니다. 만약 소연 씨가 짜증 섞인 말투로 이야기했을 때 자신이 생각해 왔던 그동안 힘들었던 마음의 표현이구나라고 생각했다면 칭찬을 바라기보다는 상대방의 힘든 마음을 먼저 챙겨 주는 게 더 좋은 방법입니다. 집안일을 했다는 건 당신이 피곤하고 힘든 일을 내가 알기 때문에 했다는 거니까요. 하지만 그보다 더 직접적으로 "당신이 정말 힘들었을 것 같아! 고생 많았어!"라는 말로 시작했으면 소연 씨의 감정이 더 부정적으로 내달리는 것을 막았을 수도 있습니다.

우리는 자신의 감정을 솔직하게 표현하기보다 에둘러서 표현하는 경우가 많습니다. 이러한 소통 방법은 오해를 불러일으키기가 쉽죠. 이러한 커뮤니케이션 방식이 서로의 관계에 굳어져 버린다면 아마도 결혼 생활을 지속하기 어려울 수 있습니다. 그렇기 때문에 가장 가까운 사이일수록 존중하는 태도로 말하고 들을 필요가 있는 것입니다. 연애를 하는 사이라면 싸우고 쉽게 헤어짐을 생각할 수 있지만 부부 사이면 상황을 피하기만 한다고 해결되는 문제는 하나도 없습니다. 따라서 갈등을 마주하고 어떻게든 해결해 나가야 합니다. 현재 우리 부부에게 조금 문제가 있다고 생각하시는 분들은 커뮤니케이션 방식이 어떤지 한번 생각해 보시기 바랍니다. 그리고 상대방과 함께 그러한 방식에 대해 솔직하고 깊이 있게 이야기해 보시는 건 어떨까요?

[심리학 힌트]
　사랑으로 함께하기 위한 친밀한 관계의 커뮤니케이션

[심리학으로 들여다보기]
　부부 사이는 굉장히 친밀한 관계입니다. 그리고 사랑과 신뢰를 바탕으로 하는 관계이기 때문에 커뮤니케이션이 더 어렵다고 느껴질 때도 있습니다. 부부는 사랑을 표현하는 방식이 상대방과 일치하지 않을 때 문제가 발생합니다. 대부분의 문제들이 뭔가 큰 사건(외도나 음주, 금전적

인 문제 등)으로부터 발생하지 않습니다. 작은 말 한마디, 행동 하나로부터 갈등이 발생합니다.

헤어지지 않는 부부와 결국 헤어지는 부부의 차이는 뭘까요?
어떤 연구자들은 10년에 걸쳐 수백 쌍의 부부를 대상으로 결혼 생활을 추적 관찰하였습니다.[32] 행복하지 않은 부부들은 부정적인 말을 통해 상대방이 반격하기 쉬운 소통 방법으로 갈등에 대처하는 경향이 있었다고 합니다. 평소 알고 지내는 다른 사람들이나 심지어 잘 모르는 사람들에게는 따뜻한 말투로 대하지만 정작 배려가 필요한 친밀한 관계에 있는 사람에게는 함부로 대할 때가 많았다고 합니다. 친밀감이 높은 사이일수록 더 편하게(상대방을 배려하지 않는) 말하게 되는 이유는 뭘까요?

타인에게 보이는 공적인 자기의 모습보다 자신만 알고 있는 사적인 자기와 더 가깝기 때문입니다. 억지로 멋진 척을 하거나 좋은 사람인 척 하지 않아도 자신을 사랑해 줄 거라는 (근거 없는)믿음 때문일 수도 있습니다. 관계라는 것은 어떠한 관계라도 노력을 하지 않으면 깨지기 마련입니다. 하지만 부부 사이에서 이러한 노력을 간과하는 사람들을 쉽게 찾아볼 수가 있습니다. 어떤 누구보다도 가장 많은 노력을 지속적으로 해야 하는 대상은 부부 관계에 있는 상대방이지 않을까요?

그래서 우리는 부부가 서로에서 지켜야 하는 최소한의 법칙에 대해 알고 있어야 합니다.

---

32) Markman, H. J., & Rhoades, G. K. (2012). Relationship education research: Current status and future directions. *Journal of Marital and Family Therapy*, 38(1), 169-200.

첫 번째는 부정적인 답변을 긍정적으로 하는 것입니다. 예를 들어 남편이 "오늘 영화 보러 갈래?"라고 물어본다면 "피곤해서 가기 싫은데."라고 말하기보다는 "영화는 내일 보러 가고 싶은데."라고 이야기하는 것이죠. 아주 작은 차이 같지만 듣는 사람의 입장에서는 다른 방향성을 가진 대답이 됩니다.

두 번째는 상대방이 집안일을 할 때 마음에 들지 않는 부분에 초점을 맞추기보다 잘하는 부분에 초점을 맞춰야 합니다. "설거지하고 싱크대는 왜 안 닦는 거야?"라고 하기보다는 "여보, 설거지해 줘서 고마워! 다음에 생각나면 싱크대도 닦아 줄 수 있을까?"라고 이야기하는 것입니다. 상대방이 하는 행동이 전부 마음에 들 수는 없습니다. 좀 부족하다고 생각하더라도 시간을 내어 그 행동을 했다는 것 자체에 초점을 맞춰 보세요! 그러면 짜증 나는 마음보다 감사한 마음이 조금 더 수면 위로 떠오를 수 있습니다.

세 번째는 항상 서로에게 따뜻한 인사를 건네는 것입니다. 출근할 때 잘 다녀오라고 배웅해 주고 퇴근하면 반갑게 맞이해 주는 거죠. 별거 아닌 것 같지만 따뜻한 인사 한마디가 서로의 하루를 든든하게 채워 주고, 피곤해 지친 마음을 달래 줄 수 있는 큰 힘을 발휘합니다.

네 번째는 상대방의 행동을 일일이 분석하고 지적하는 말을 그만하셔야 합니다. 흔히 잔소리라고 생각할 수 있는 이런 말들은 편안한 집에서조차 업무를 하고 있다는 생각이 들 수도 있습니다.

다섯 번째는 상대를 위하는 척 말하지 말고 자신의 입장을 이야기하세요. "자기도 그곳에 여행 가면 좋아할 걸?" 대신 "나 그곳으로 여행 가고 싶어."라고 이야기하는 거죠.

여섯 번째는 상대방이 알아주기를 바라지 말고 직접 하고 싶은 말을 하세요. 앞에 나왔던 소연 씨와 지민 씨의 상황에서 소연 씨는 어쩌면 자신의 힘든 상황들을 지민 씨에게 위로받고 싶었을 수 있습니다. 그렇다면 솔직하게 "여보가 없는 동안 너무 힘들었어. 그래서 오늘만이라도 여보가 아이를 빨리 재워 주길 바랐던 것 같아."라고 이야기했으면 어땠을까요? 오히려 아이를 재우지 못한 지민 씨가 조금 미안한 마음을 갖게 되었을지도 모릅니다.

마지막으로 갈등이 깊어져 서로에게 좋게 말해 줄 수 없다면 차라리 말을 안 하는 것이 좋습니다. 안 좋은 말들이 서로에게 큰 상처를 준다는 것은 우리 모두가 잘 알고 있는 사실입니다. 그럼에도 불구하고 화가 나서, 서운해서, 짜증이 나서 그것들을 해소하고자 칼날이 박힌 말들을 서로에게 하지 마세요. 작은 생채기로 끝날 수 있는 갈등이 꿰매야 하는 깊은 상처로 남을 수 있으니까요.

이러한 소통 방법을 배운 미혼 커플들이 배우지 않은 커플들에 비해 헤어질 확률이 50%나 낮다는 연구 결과가 있습니다.[33] 여러분이 사랑하는 사람과의 관계를 행복하고 건강하게 유지하고 싶으시다면 위와 같은 방법들을 오늘부터 당장 활용해 보세요! 긍정적인 부부 관계는 생각보다 삶 전반에 좋은 영향을 가져다줄 수 있습니다.

---

33) Notarius, C., & Markman, H.(1993). *we can work it out: Making sense of martrial conflict.* New York; G.P. Putnam's Sons.

[심리학으로 생각하고 말하기]

Q) 남편 혹은 아내, 애인으로부터 가장 듣고 싶지 않은 말은 무엇인가요? 왜 그런지 서로에게 이야기해 보세요.

→ 나를 인정하지 않는 듯한 말에 너무 화가 납니다. 내 말을 부정하고 자신의 말만 건넬 때 인정하지 않고 부정당한다는 느낌이 들기도 합니다.

Q) 집에 돌아오는 남편/아내에게 달려 나가 크나큰 환영 인사를 건네 보세요! 그리고 나서 서로의 기분과 마음이 어떤지 나눠 보세요.

→ 나를 반겨 줌과 동시에 밖에서 힘들었던 마음이 편안해졌습니다. 힘든 일이 있었다 해도 좋은 마음으로 가족들을 대하고자 하는 마음이 생기더라구요. 남편 역시 지친 마음이 위로받는 느낌이라 좋다고 말했습니다.

그때는 되고 지금은 안 되는 이유가 뭔데?

[상황 그리고 대화]

　민경 씨와 고운 씨는 초등학교 때 만나 20년이 넘는 시간 동안 많은 것을 함께해 온 친구입니다. 민경 씨는 대학을 졸업하고 기업에서 인사 담당자로 근무 중이었고, 고운 씨는 전문대를 졸업하고 호텔 주방에서 요리사로 근무하다가 그만두고 두 아이의 엄마로서 살고 있었습니다. 민경 씨는 아직 결혼을 하지 않아 고운 씨가 일찍 결혼해서 아이를 낳고 사는 모습이 좋아 보이기도 하고 짠해 보이기도 했습니다. 고운 씨는 반대로 솔로 라이프를 즐기면서 사는 민경 씨가 좋아 보이고 가끔은 부러웠습니다. 외로워 보일 때도 있지만요. 둘은 오랜 시간 많은 것을 공유해 왔기에 서로의 가족 대소사까지 모르는 게 없었습니다. 하지만 최근 5~6년 사이 고운 씨가 출산과 육아를 반복하고 집도 거리가 멀어서 두 사람은 만날 기회가 많지 않았습니다. 그러다 정말 오랜만에 민경 씨가 고운 씨에게 전화를 걸었습니다.

민경: 꼬운! 뭐야, 뭐야. 잘 지냈어?

고운: 민갱. 그럼, 그럼. 오랜만이네, 정말.

민경: 넌 어떻게 전화 한 번을 안 하냐. 치.

고운: 하, 애 둘 챙기느라 화장실 갈 시간도 없다.

민경: 그래, 바쁘겠지. 주말에 얼굴 한번 볼까? 본 지 너무 오래됐다.

고운: 이번 주? 글쎄… 남편이랑 얘기 한번 해 볼게.

민경: 아, 그냥 나와. 이러다 장례식장에서 만나겠어.

고운: 그게 내 맘대로 되어야 말이지….

민경: 그건 아는데 너도 바람 좀 쐬어야지. 맨날 애들 보느라 힘든데. 내가 근처로 갈게!

고운: 넌 좋겠다. 바람도 맘대로 쐴 수 있어서.

민경: 엥?

고운: 나 생각해 주는 건 고마운데 내가 안 나가고 싶어서 그런 것도 아니고 네가 맨날 근처로 오는 것도 미안하기도 하고 그러네.

민경: 뭐래. 우리 사이에.

고운: 너도 회사 다니느라 바쁘고, 나는 애들 유치원, 학교 가 있는 동안이 아니면 밖에 나가기가 어려우니까.

민경: 앞으로 안 볼 것도 아닌데 뭘 그래. 아니면 내가 하루 연차 쓸까?

고운: 지난번에도 그랬잖아. 됐어.

민경: 어휴, 진짜 만나기가 힘드네.

고운: 너는 회사 다니고 나는 애 키우니까 더 그렇지. 집도 멀고. 맘 편하게 만날 수 있는 날이 있겠나 싶다.

민경: 너 무슨 일 있어?

고운: 무슨 일이 없어서 문제지.

민경: 그래. 네가 괜찮을 때 보자. 시간되면 연락 줘.

고운: 알았어. 잘 지내고.

민경: 어, 안녕.

[대화 들여다보기]

　민경 씨와 고운 씨는 어릴 적부터 친구였고 오랜 시간을 함께해 왔지만 최근 처한 상황은 너무나도 달랐습니다. 그래서 두 사람은 예전의 우정만을 갖고 아무런 이유 없이 깔깔거리며 대화를 나누기엔 너무 많은 것이 부족한 상황입니다. 관계가 지속적으로 이어질지도 의문입니다. 사실 사람의 상황이란 것이 계속 같을 순 없습니다. 상황에 따라 관계도 마찬가지입니다. 상황이 사람을 변화시킬 수도 있고, 사람이 상황을 변화시킬 수도 있죠. 그리고 처음 둘이 만났을 때의 서로에 대한 감정과 성장하면서 성인이 된 후 서로에 대한 마음과 느낌이 달라지기 마련입니다. 그리고 현재를 살아가면서 서로의 주된 삶의 목적 또한 다를 것입니다. 그런 이유로 민경 씨와 고운 씨는 각자의 상황에 따라 서로를 생각하는 마음이 조금씩 변했을 것입니다.

　중학교 때 같은 반이었던 민경 씨와 고운 씨는 그때부터 쭉 둘도 없는 절친(제일 친한 친구)이었습니다. 고운 씨는 배려심이 많고 민경 씨 얘기를 잘 들어 주는 친구였습니다. 그 당시에는 모든 비밀을 서로 나누고 응원해 주는 그런 친구 사이였습니다. 대학에 진학한 후에도 같은 학교는 아니었지만 함께 배낭여행도 가고 호주로 워킹 홀리데이도 다녀왔습니다.

　취직 후 주변에 친구들이 많고 매사에 약속이 많은 민경 씨지만 그래도 늘 고운 씨가 첫 번째였습니다. 고운 씨가 결혼할 때도 내 일처럼 돕고 아이 돌잔치와 같은 경조사도 살뜰히 챙겼습니다. 하지만 시간이 지나면서 고운 씨가 아이들을 돌보느라 저녁에 나오기도 어렵고 주말에도 늘 이래저래 바빠 만나기가 어려웠습니다. 그래서 민경 씨는 가끔 연차를 쓰고 고운 씨네 집 근처로 가서 함께 밥을 먹고 커피 한잔하고 아이들을 같이 하원시키고 저녁까지 함께 있다 집으로 돌아오곤 했습니다. 그런데 연차를 쓰고 두 시간 거리의 친구네 집까지 가는 건 쉽지 않은 일이었습니다. 시간이 지날수록 자신이 왜 그렇게까지 해야 하는지 의문이 들기 시작했습니다. 민경 씨는 자신의 커리어를 발전시키고 좀 더 나은 사람이 되고자 노력하는 것이 현재 삶의 주목적이었지만 고운 씨는 아이들을 어떻게 하면 잘 키워 내는가가 현재의 삶에서 가장 고민하는 부분 같았습니다. 여러 가지 이유로 민경 씨 마음 한구석에 있는 고운 씨의 자리가 점점 줄어드는 느낌이었습니다.

고운 씨는 자신은 좀 소심하고 낯을 가리는 성격이라 그런지 어렸을 때부터 당당한 민경 씨의 모습이 멋있어 보였습니다. 민경 씨와 함께하

는 시간이 재밌고 신났습니다. 앞에 나서는 게 두려울 때 민경 씨가 파이팅을 외쳐 주면 정말 뭐든 할 수 있을 것 같은 마음이 들었습니다. 표정만 봐도 서로의 마음을 맞출 수 있는 그런 사이였습니다. 대학 시절 여행 다닐 때도 마음이 잘 맞아 싸운 적도 없었고, 연애에 실패했을 때도 그 누구보다 먼저 달려와 주는 친구가 바로 민경 씨였습니다.

그렇게 좋아하던 친구였는데 결혼하고 아이를 낳고 집에서 가정주부로 지내다 보니 점점 나와는 더 다른 삶을 사는 민경 씨의 모습이 왠지 자신과는 다른 세계에 있는 사람 같았습니다. 가끔 자신을 위해 연차를 쓰고 집 근처까지 와서 함께 시간을 보내고 가는 것도 너무 미안했습니다. 민경 씨는 미안해하지 않아도 된다고 했지만 스스로가 마음이 편치 않았습니다. 그리고 어느 순간부터 민경 씨가 자신의 이야기에 대한 반응이 별로인 듯했습니다. 민경 씨는 이야기를 잘 들어 주는 사람이고 공감도 해 주지만 미묘한 차이를 느끼기 시작했습니다.

귀여운 아이들과 자상한 남편만 보면 행복하다는 느낌이 들었습니다. 그런데 어째서인지 민경 씨만 만나면 자신이 한없이 작아 보였습니다. 최근 들어 일자리 제의를 받았는데 아이들 때문에 도저히 시간이 안 될 것 같아 포기하고 나니 더 그런 생각이 들었나 봅니다. 일을 하고 싶지만 현재 삶에서 가장 중요한 부분은 아이들을 잘 키워 내는 일이라고 생각했습니다. 하지만 어쩐지 자존감이 떨어지는 기분이 들었고 유독 멋진 커리어 우먼으로 살아가는 민경 씨와 이야기를 나누거나 만나면 더 그런 느낌이 들었습니다. 그런 여러 가지 이유로 민경 씨를 계속 보기가 좀 껄끄럽다는 느낌이 들었습니다. 어쩌면 스스로를 위해서도 그렇게 해야 한다고 생각했습니다.

대학을 졸업하고 사회생활을 하다 보면 민경 씨와 고운 씨 같은 경우를 종종 찾아볼 수 있습니다. 꼭 친구 사이뿐만 아니라 함께 일하는 동료 사이도 마찬가지입니다. 사람들은 상황을 선택하기도 하고 바꾸기도 합니다. 민경 씨는 부모님과 함께 사는 환경이 너무 답답하고 늦게 들어갈 때마다 눈치가 보여서 독립을 선택했습니다. 그래서 아주 자유롭고 편안한 상황을 만들었습니다. 때로는 상황이 사람을 선택하고 바꾸기도 합니다. 고운 씨는 아이들을 낳은 뒤 다시 취직하려고 했으나 기업에서는 결혼하고 아이 있는 사람을 잘 채용해 주지 않았습니다. 상황이 고운 씨를 선택하지 않았던 것입니다.

두 사람은 어렸을 때 살아온 환경은 비슷했지만 시간이 지나면서 서로 다른 선택을 하며 새로운 상황을 마주하게 됩니다. 그리고 상황과 상호 작용을 통해 스스로를 바꾸어 가는 것입니다. 이러한 과정을 통해 서로에게 지속적인 흥미를 느끼고 반응하면서 함께하는 것에 대한 가치를 느껴야 하는데 둘은 그렇지 못했습니다. 중학교 때 서로에게 전부를 내어 주던 그런 마음이 서로에게 더 이상 남아 있지 않기 때문입니다. 그렇기 때문에 민경 씨와 고운 씨 두 사람은 특별히 누가 잘못된 말이나 행동을 하지 않았어도 서로 다른 상황과 입장 속에 몇 년이라는, 긴 시간이 공유하는 면적이 적어지면서 소통이 소원해질 수밖에 없었습니다.

지금 여러분은 어떤 상황에 둘러싸여 있으신가요? 친구 혹은 지인과 대화할 때 그 사람의 상황을 고려해 보셨나요? 만약 누군가와의 대화가 어렵고 불편하다면 상황을 좀 바꿔 보시는 건 어떨까요? 아니면 내 마음을 다르게 바꿔 보는 것도 방법입니다.

[심리학 힌트]

상황에 따라 변화하는 관계와 커뮤니케이션

[심리학으로 들여다보기]

사람은 상황과 끊임없이 상호 작용을 하면서 살아갑니다. 누군가와 처음 만나 말을 적게 하다가 공통점을 발견한 순간(같은 학교를 나왔다거나, 같은 동네에 산다거나) 갑자기 마인드를 활짝 열고 대화를 신나게 이어 나간 경험이 있으신가요? 이렇듯 우리는 다양한 상황에 따라 반응을 하는데 이러한 방식에 따라 성격도 조금씩 달라집니다.

이러한 이론을 '사회적 상호 작용 이론'이라고 합니다. 이것은 사람과 상황이 함께 작용해 생각, 감정, 행동 방식에 영향을 끼친다는 의미입니다. 민경 씨와 고운 씨는 아주 많은 상호 작용을 하며 소통 방식을 이어 왔지만 어쩌면 앞으로의 관계는 미지수일지 모릅니다. 각자의 상황이 서로를 마주하도록 도와주고 있지 않으니까요. 유사한 상황을 겪는 사람들을 살펴보면 자신의 상황과 맞지 않는 사람과 연락을 끊어 버리는 사람들도 종종 볼 수 있습니다. 민경 씨의 입장일수도 있고 고운 씨의 입장일 수도 있죠.

사람과 상황이 서로 영향을 미치고 상호 작용 하는 경우는 민경 씨와 고운 씨처럼 상황에 따라 사람이 바뀔 수도 있고 사람에 따라 상황이 바뀔 수도 있습니다. 우리는 사회와 끊임없이 많은 것을 주고받으면서 살아가기 때문에 자의적으로 혹은 타의적으로 그렇게 살아갑니다. 물론 사람이라는 게 워낙 복잡하고 미묘한 부분들이 많다 보니까 어떤 상황이 사람을 이렇게 만들었다거나 성격 때문에 상황이 이런 식으로 흘러왔다고 규정하기는 어렵습니다. 그리고 상호 작용이라는 것은 과거부터 쭉 끊임없이 엉킨 실타래 같은 모양을 하고 있기에 표면적으로 드러나는 원인은 알 수 있으나 그 속사정까지는 알 수 없습니다. 이러한 이론을 바탕으로 본다면 민경 씨와 고운 씨의 연락이 소원해지는 것은 당연한 결과일지 모릅니다. 케이크 속에 딸기와 딸기잼 속의 딸기는 서로가 처한 환경과 입장, 목적 등이 다른 것처럼 말이죠!

두 사람의 이야기에 녹아 있는 또 다른 측면을 분석해 볼까요?
나이에 따라 달라지는 관계적인 부분, 특히 친구 관계에 따른 변화에 대해 분석해 볼 수 있습니다. 사람들은 살아가면서 다양한 친구 관계를 형성합니다. 민경 씨와 고운 씨는 청소년기에 만났습니다. 이 시기의 친구 관계는 서로에 대한 정서적 지지가 가장 중요한 밑거름입니다. 서로를 응원해 주고 위로해 주면서 부모로부터 자율성을 발달시키고 친구에게서 정서적 욕구를 충족하게 됩니다.
이 시기의 좋은 친구 관계는 여러 가지 긍정적인 역할을 합니다. 친구들과 이야기하고 자신과 친구들을 비교하면서 내가 누구인지 탐색하며 스스로를 이해하고 성장합니다. 민경 씨와 고운 씨도 함께 지내면서 많은 이야기를 나눴을 겁니다. 가족 이야기, 성적 이야기, 좋아하는 것들 등등. 그러면서 자신에 대한 정체성을 만들어 나갔겠죠! 부모님과 멀어지게 되는 시기이기도 하면서 그런 부분을 친구들로부터 채워 나가는 시기이기도 합니다.

그리고 성인 초기, 대학에 진학하거나 사회생활을 시작하면서 친구 관계가 폭발적으로 증가합니다. 이 시기에는 서로를 지지하면서 정서적인 안정감을 유지합니다. 고운 씨와 민경 씨처럼 함께 여행을 다니기도 하고 취미 생활도 합니다. 동아리 활동을 하거나 게임을 함께하는 것도 이 시기의 친구 사이의 우정을 돈독하게 해 주는 일들입니다. 졸업 후에는 사회생활을 하면서 동성의 친구와 상호 작용 하는 시간이 점점 줄어듭니다. 그리고 결혼은 친구 관계에 상당한 영향을 미칩니다. 미혼자에게 친구는 중요한 정서적 지지자입니다. 민경 씨가 고운 씨에게 휴가를 내면서까지 찾아간 것처럼 말입니다. 그러나 기혼자는 가족에게 우선적으로 시간과 자원을 투자합니다. 고운 씨의 경우에는 친구가 아무리 중요하더라도 남편과 아이만큼 중요하진 않았던 것입니다. 이러한 이유로 친구와 공유하는 시간이 줄어드는 것을 '양자 간 철수'라고 합니다.

중년기가 되면 가족과 일, 사회적 공동체에 대한 역할이 매우 많아 여기에 많은 시간을 사용하기 때문에 친구 관계의 범위가 더 줄어들 수 있습니다. 그래서 이 시기에는 가까운 소수의 친구들에게 집중하고 상호 작용을 통해 정서적 유대를 충족합니다. 민경 씨가 결혼을 할지 안 할지는 모르지만 이러한 이유로 조금 벌어진 민경 씨와 고운 씨의 사이는 더 멀어지지 않을까 싶습니다.

여러분은 현재 살아가고 있는 환경과 역할, 그리고 시시각각 달라지는 상황들을 인지하며 살아가고 있나요? 그리고 그 속에서 절친, 찐친과의 관계는 어떻게 변화하고 있나요? 시간이 지나면 상황은 더 복잡해지고 친구들과의 연결망은 더 좁아지는 것은 당연한 일입니다. 하지만 이러한 상황에서도 지속적으로 누군가에게 관심을 갖고 반응해 준다는 것은 엄청난 일입니다. 나는 내 친구들에게 그렇게 하고 있는지, 누군가가 나에게 그렇게 해 주고 있지 않은지 한번 생각해 보세요. 그리고 서로에 대한 반응이 비슷한 양과 질이 아니라면 그 관계를 지속해야 하는지도 고려해 보시면 좋을 것 같습니다. 내가 조금 부족한 마음을 주지 않았는지 생각이 든다면 작은 관심을 메시지로 남겨 보세요. "잘 지내고 있니, 내 친구?"라고. 이 작은 말들이 친구에게 큰 즐거움이 될 수도 있습니다. 우리는 잠깐의 대화로도 서로의 마음을 충분히 알 수 있으니까요.

[심리학으로 생각하고 말하기]

1) 현재 내 인생에 가장 중요한 친구를 생각해 보세요. 그리고 가장 오랫동안 우정을 이어 온 친구를 생각해 보세요. 두 상황 속의 친구가 일치하나요? 일치하거나 그렇지 않다면 왜 그런지 이유를 생각해 보세요.

→ 학교 다닐 때부터 친한 오래된 친구가 있었습니다. 글에서 나오는 두 사람처럼은 아니지만 대학을 다르게 가고 일을 하면서 내가 결혼하면서 소원해지기도 하고 또다시 만나면 어린 시절의 마음으로 애틋하게 지내고 있습니다. 예전처럼은 아니지만 서로를 생각하는 마음은 유지하고 있다고 생각합니다.

2) 친구와의 관계가 소원하다면 그 친구와의 시작이 어땠는지 떠올려 보세요. 그리고 현재 친구와 나의 상황을 한번 나란히 놓아 보세요. 그렇다면 이 관계를 이어 나가야 할지 아니면 이제 그만 끝내야 할지 현명한 선택을 할 수 있습니다.

→ 학교도 다르고 집도 멀지만 대학 때까지 꾸준히 친하게 지낸 친구가 있었습니다. 그 친구는 결혼을 일찍 했고 아이도 둘이나 있습니다. 나도 결혼을 하고 아이가 있지만 나는 사회생활을 하고 그 친구는 전업주부로 지내고 있습니다. 언제부터인지는 모르겠으나 친구와 연락이 잘되지 않았습니다. 상황적으로 그 친구가 가족 아닌 친구에게 마음 쓸 여유가 없지 않나 스스로 판단했고 친구의 마음이 그렇다면 나도 내어 줄 마음이 많지 않은 것 같았습니다. 함께한 소중한 기억들은 아쉽지만 다시 만날 수 없을 거라고 생각합니다.

마음속 깊은 골짜기를 찾아서

[상황 그리고 대화]

　박 팀장은 인사 직무를 하며 여러 회사를 경험하고 몇 달 전 지금의 회사로 이직하였습니다. 대기업에서도 근무 경험이 있었지만 정해진 틀에만 맞추는 형식의 일 처리 방식이 본인과 맞지 않았습니다. 그래서 자기의 경험을 바탕으로 회사를 발전시킬 수 있는 스타트업으로 이직을 선택했습니다. 박 팀장은 조직의 특성을 파악하고 직원들과의 인터뷰를 통해 현행 인사 관련 프로세스에서 비효율적인 부분을 개선하고자 하였습니다. 회사는 급속도로 성장하고 있는데 반해 조직 구조나 인사 평가 시스템은 전혀 체계가 잡혀 있지 않았습니다. 그동안 인사 파트가 따로 없어 경영관리팀장인 이 팀장이 스타트업 창립 때부터 현재까지 7년 동안 관련 업무를 담당해 왔기 때문입니다. 이 팀장은 현재로서도 충분히 잘 운영되고 있는데 갑자기 새로운 방식을 도입한다는 박 팀장이 마음에 들지 않았습니다. 박 팀장은 이 팀장의 이러한 생각들을 은연중에 파악할 수 있었고, 이 팀장과의 인터뷰가 시급하다고 생각했습니다.

박 팀장: 안녕하세요, 팀장님! 오늘 날씨가 아주 화창하네요! 주말에 어디 놀러 갈 계획 있으세요?

이 팀장: 아, 네. 특별히 없네요. 오늘 보자고 하신 이유가?

박 팀장: 네! 다름이 아니고 이번 조직 개편과 인사 평가 시스템에 대해서 이 팀장님의 의견을 좀 듣고 싶어서 뵙자고 말씀드렸습니다.

이 팀장: 음, 솔직히 전 현재의 상태를 유지하는 방향으로 가야 한다고 생각합니다.

박 팀장: 아, 그러시군요. 제가 보기엔 우리 회사는 사람의 역량에 따라 굉장히 다른 성과를 낼 수 있다고 생각합니다. 그래서 현재의 조직을 좀 더 세분화하여 운영하는 것이 어떨까 하는 생각이 듭니다.

이 팀장: 조직의 운영 구조를 바꾸는 것이 얼마나 힘든 일인지 아시지 않습니까? 저희가 사실 최근 2년 동안 실험적인 운영을 계속해 왔으나 여러 가지 방법을 통해 찾아낸 것이 현재의 시스템입니다.

박 팀장: 네, 지난 상황에 대한 이야기는 대표님께 전달받았습니다. 아마 그렇기 때문에 대표님께서는 그래도 더 나은 조직을 만들고 성과를 극대화하기 위해 저를 채용하신 것 같습니다.

이 팀장: 물론 전문가이셔서 잘하시겠지만 저희 조직에 오신 지는 얼마 안 되셔서 좀 더 상황을 지켜보셔야 하는 거 아닐까요?

박 팀장: 한 달간 지켜봐 온 결과 어떤 부분에 개선이 필요한 지 파악했고 조직을 세분화하여 불필요한 문제를 최소화시키는 방향으로 가고자 합니다. 대표님께도 보고드렸지만 대표님께서는 전체 조직 구성원들과 소통 후 진행하면 좋겠다고 말씀을 주신 상태입니다.

이 팀장: 대표님께서 이미 오케이하셨으면 제가 특별히 뭘 얘기할 필요가 있나요?

박 팀장: 이미 확정된 사항은 아니기 때문에 조직 구성원들의 의견을 취합하여 진행하고자 합니다. 만약에 조직을 개편해야만 한다면 팀장님께선 어떤 부분을 변화하는 것이 효율적일 것 같다고 생각하세요?

이 팀장: 글쎄요….

박 팀장: 그렇다면 팀장님께서 현재 조직 운영과 구성원들에 대한 정보를 저보다 더 잘 알고 계시니까 한번 고민해 주시면 좋을 것 같습니다. 팀장님과 저는 한배를 탄 사이니 저희 조직이 더 발전하기 위한 좋은 생각을 공유해 주세요!

이 팀장: 한번… 생각해 보겠습니다.

박 팀장: 네! 다른 구성원들과도 한번 이야기 나눠 보고 팀장님께 다시 면담 요청 드리겠습니다.

이 팀장: 네, 알겠습니다.

[대화 들여다보기]

　모든 사람들은 어떠한 형태로든 갈등을 겪습니다. 태어나서 갈등을 겪어 보지 않은 사람은 단 한 명도 없습니다. 아이들은 엄마, 아빠, 친구들과의 갈등 속에서 성장해 가고 학생이 되면 학교 안에서 또 다른 갈등을 겪습니다. 사회에 나오면 더 많은 사람들과 깊이와 형태가 다양한 갈등을 겪으며 일상을 살아갑니다. 이처럼 갈등은 삶에서 필연적일 수밖에 없습니다. 왜 그럴까요?

박 팀장은 다양한 조직에서 인사 직무를 담당해 왔습니다. 그러다 보니 많은 사람들과 커뮤니케이션을 하고 관계를 형성하고 그러한 데이터를 바탕으로 업무를 수행했습니다. 그러한 과정에서 갈등은 불가피한 것이라고 생각했습니다. 하나의 조직이지만 각 부문별 팀별로 목표가 다르고 사람마다 생각하는 것이 다르기 때문입니다. 그래서 박 팀장은 사람들을 설득하고 합의점을 도출하는 방법들을 많이 고민했습니다. 이번 회사에 오면서도 사전에 대표님과 이야기를 나눠 본 후 일하기가 쉽지 않을 거라고 생각했습니다. 대표님은 새롭게 조직을 리뉴얼한 후 발빠른 성장을 해 나가겠다는 목표를 갖고 계셨습니다. 하지만 조직 구성원들이 쉽게 동참해 주지는 않을 것 같다는 말씀을 하셨기에 박 팀장은 서두르지 않고 갈등을 최소화하여 새로운 조직 시스템을 정착시키고 싶었습니다. 그래서 한 달간 조직 구성원들을 관찰하고 사내 업무 시스템 파악에만 집중했습니다. 그 후 회사에 큰 애정과 관심이 있고 조직을 잘 아는 사람과의 대화가 먼저라고 생각했습니다. 그중에서도 가장 부러지지 않을 것처럼 보이는, 자신이 입사한 후 부정적인 견해를 거리낌 없이 표출하는 이 팀장과의 갈등은 필연적일 수밖에 없을 것 같아 먼저 면담을 요청하였습니다.

박 팀장은 입사 후 이 팀장을 세심하게 관찰했습니다. 사람은 본능적으로 자신을 싫어하는 사람을 알 수 있습니다. (눈빛과 말투 등 여러 가지 단서를 통해) 박 팀장은 이 팀장이 부정적인 의견을 제시할 것이라고 사전에 생각했을 겁니다. 그래서 좀 더 차분하고 목표 지향적으로 대화를 이끌어 나간 것이겠죠? 갈등을 어떻게 풀어 나갈 것인가에 대한 고민도 했기 때문에 상관인 대표님의 뜻을 전달하고 비꼬는 말투에 부정적인 반응을 하지 않으려 애를 쓴 것으로 보입니다.

이 팀장은 처음 박 팀장이 입사했을 때 그가 마치 우리 회사를 갈아엎으러 온 적군 같았습니다. 자신이 피땀 눈물을 흘려 만들어 온 회사를 한순간에 바꿔 버리려는 느낌이었습니다. 우리 조직 나름대로 창립 이전부터 지금까지 고난과 역경 그리고 성공 히스토리를 갖고 있는데 그걸 모르는 한 사람이 '더 좋은 성과'를 위해서 조직 개편이 필요하다니요! 이해가 가지 않았습니다. 그런 박 팀장을 데려온 대표님께도 배신감이 들었습니다. 그래서 평소에 박 팀장에게 살갑게 굴지도 않고 필요한 자료들을 쉽게 건네주지도 않았습니다.

위의 대화를 하면서 "물론 전문가이셔서 잘하시겠지만….", "대표님께서 이미 오케이하셨으면 제가 특별히 뭘 얘기할 필요가 있나요?" 등의 말을 통해 좀 비꼬는 듯이 말이 자동적으로 나와 버렸습니다. 그리고 대표와 아주 가까운 사이이며 서로의 생각과 목표가 같다고 생각했는데도 불구하고 갈등이 생겨 버린 거죠. 하지만 이야기를 나누다 보니 박 팀장이 자신을 이 조직에 필요한 사람이라고 인정한다는 약간의 느낌을 받았으며, 같은 회사에 소속되어 있고 공동의 목표를 추구한다는 것을 알 수 있었습니다. 아마 이 팀장은 어떤 부분이 회사의 발전을 위한 부분인지 고민하기 시작했을 것입니다.

두 사람은 이 대화를 시작으로 앞으로 어떤 분위기의 대화를 이어 나가게 될까요? 갈등이 심화되어 두 사람이 만날 때마다 으르렁하게 될까요? 아니면 서로의 의견을 조율하고 받아들여 갈등 상황을 건설적으로 풀어 나갈 수 있을까요?

짧은 대화이지만 마지막 부분에 박 팀장은 서로가 다른 목표가 아닌 공동의 목표를 추구한다는 것을 언급함으로써 갈등에서 협력으로 관계적 시각을 바꾸고자 하였습니다. 이 팀장은 생각해 보겠다는 말로 어느 정도 납득을 했을 것입니다. 일이 성공적으로 이루어지기까지 수많은 대화를 통해 갈등 상황을 해결해 나가야겠지만 이 짧은 대화를 통해 우리는 향후 업무의 방향이 긍정적일 것이라는 기대를 할 수 있습니다.

위의 상황에서 박 팀장은 차분하게 상대방의 의견을 이끌어 내며 합리적인 토론을 하고자 했습니다. 하지만 자신의 생각만을 관철시키며 강압적으로 상대를 제압하거나 이 팀장이 박 팀장의 의견을 묵살해 버렸다면 이 회사의 대표는 아주 골치 아픈 일을 마주하게 되었을 겁니다. 회사의 생사고락을 함께한 이 팀장과 회사의 성장을 위해 모셔 온 전문가 박 팀장 사이에서 말입니다.

우리는 살아가면서 수많은 갈등과 만납니다. 갈등을 피한다고 해서 갈등이 없어지지도 않고 정면 돌파 한다고 해서 깨부숴지지도 않습니다. 갈등 상황은 둘 중 한 사람이 이기고 져야 끝나는 거라고 생각하실 수 있지만 두 사람 모두에게 유익한 결말을 이끌어 낼 수 있습니다. 그래서 갈등 상황 속에서 효과적인 의사소통을 통해 잘 다뤄 내는 것이 중요합니다.

[심리학 힌트]
　갈등을 해결할 수 있는 커뮤니케이션

[심리학으로 들여다보기]

갈등은 한 사람의 생각이나 욕구, 이익, 행동이 다른 사람과 일치하지 않을 때 나타나는 과정입니다. 그리고 서로의 생각이 다르다는 것을 알게 된 순간 갈등이 발생하게 됩니다. 사람들은 모두 다른 생각을 갖고 살아가기 때문에 갈등은 삶에서 필연적입니다. 우리는 먼저 이 사실을 인지할 필요가 있습니다.

어떤 사람들은 갈등 상황을 싫어합니다. "좋은 게 좋은 거지!"라고 말하며 자신이 조금 손해를 보더라도 갈등을 만나지 않고 지나가려는 사람들도 있습니다. 과연 갈등을 피한다고 피해질까요? 그렇지 않습니다. 일주일 동안 갈등 리스트를 한번 작성해 보시면 크고 작은 갈등을 쉽게 발견하실 수 있습니다. 물론 남녀에 따라 문화에 따라 상황에 따라 갈등의 횟수와 종류는 달라집니다.

한 연구에 의하면, 자신의 관계를 일기로 써 온 대학생들은 한 주에 약 7개의 언쟁이 발생한다고 기록했습니다. 그리고 대부분은 같은 주제로 언쟁을 합니다.[34] 또 다른 연구에 의하면 52 가족이 저녁 식사 때 하는 대화를 기록해 보았더니 평균 3.3개의 갈등 에피소드를 발견했다고 합니다.[35] 우리는 이렇게 많은 갈등을 시시각각 만들어 내면서 살아가고 있습니다. 그러니 갈등을 만들지 않는 것보다 갈등을 잘 해결하는 데 초점을 맞춰야 합니다.

그렇다면 갈등이 왜 일어나는지를 먼저 살펴볼까요? 갈등은 서로의 의견이 일치하지 않을 때 그리고 그 사실을 인지했을 때 발생한다고 말

---

34) Benoit, W. L., & Benoit, P. J. (1987). Everyday argument practices of naive social actors. Argument and critical practices, 465-473.

35) Vuchinich, S. (1987). Starting and stopping spontaneous family conflicts. Journal of Marriage and the Family, 591-601.

씀드렸습니다. 예를 들어 이사를 앞두고 어디로 갈 것인가 남편과 아내의 의견이 일치하지 않는다면 갈등이 발생하겠죠. 또한 같은 부서 동료가 나를 싫어하는데 내가 그 사실을 안 순간부터 나도 그 사람을 부정적으로 바라보며 갈등이 시작됩니다. 만약 나를 싫어한다는 사실을 몰랐다면 갈등이 시작되지 않았겠죠?

또한 각자의 목표가 공존할 수 없다고 판단할 때 갈등이 일어납니다. 연인 사이에서 한 사람은 주말에 캠핑을 가고 싶고 다른 한 사람은 집에서 쉬고 싶을 때 갈등이 발생합니다. 하지만 이러한 경우 실제 두 목표를 모두 달성할 만한 방법이 존재합니다. 각자 친구들과 시간을 보내거나, 캠핑을 가서 여유롭게 시간을 보낼 수도 있습니다. 하지만 서로의 목표가 공존할 수 없다고 판단한다면 갈등은 계속 유지됩니다.

서로가 갖고 있는 자원이 충분하지 않을 때도 갈등이 발생합니다. 많은 사례 중 하나가 바로 '돈'입니다. 부모님의 유산을 조금이라도 더 갖겠다고 싸우는 형제들만 봐도 쉽게 알 수 있습니다. 시간 또한 마찬가지입니다. 한정적인 자원이 있을 경우 인간은 누구나 더 갖고 싶은 법이니까요. 만약 유산 상속으로 인해 형제들이 각자 자신이 더 많이 상속받을 수 있도록 다른 형제의 유산 상속을 방해한다면, 즉 서로가 원하는 것을 방해할 때도 갈등이 발생합니다.

가족, 친구, 연인 사이뿐만 아니라 조직과 집단, 국가 간의 관계에서도 갈등은 존재합니다. 갈등을 해결하기 위해 가장 먼저 해야 할 것은 양측 모두가 문제 해결에 대한 필요성을 느끼고 박 팀장이 이야기했던 것처럼 "한배를 탔다."라는 태도를 갖는 것입니다. 사람들은 대부분 갈등을 해결해 나가는 데 기본적인 스타일을 갖고 있습니다. 갈등을 무시하거나 회피하는 경우, 자신의 생각을 주장하기보다 상대방의 의견을 수용하는 경우, 내 방식대로 갈등 해결에서 경쟁하여 이기고자 하는 경우, 서로가 원하는 것을 조금씩 내어 주고 타협하는 경우, 자신과 상대방 모두를 배려하여 협력하는 경우가 있습니다. 여러 가지 방법 중 협력적으로 갈등을 해결하고자 한다면 갈등 상황에 있는 모두가 원하는 것을 얻는 결과를 가져올 수 있습니다.

그렇다면 어떻게 협력적으로 갈등 상황을 해결해 나가야 할까요?
첫째, 갈등의 문제가 나 자신의 문제라는 것을 알아야 합니다. 팀원과의 갈등이 있다면 단지 그 사람의 문제인 것처럼 방어적인 태도로 일관하지 말아야 합니다. 내가 상대방의 행동이 잘못이라고 생각한다면 그것은 내 생각에 불과합니다. 상대방은 자신의 행동을 정당화하고 오히려 당신이 잘못된 판단을 내렸다고 이야기할 수 있습니다. 내가 그 사람을 함부로 판단해 버린 것을 나의 문제로 인식한다면 왜 그 사람을 비난하고자 하는지, 내가 진짜로 원하는 것이 무엇인지를 파악할 수 있습니다.
둘째, 문제를 파악하고 자신의 생각을 정리한 후 상대에게 문제 해결을 위한 시간을 요청해야 합니다. 다짜고짜 들이밀고 나의 행동을 지적하는 사람이 나타난다면 더 심한 갈등 상황을 초래할 수 있습니다.
셋째, 문제를 가능한 구체적으로 표현해야 합니다. 문제를 명확히 표현하는 것만큼 갈등이 번지지 않고 해결할 수 있는 좋은 방법은 없습니다. 상대방에게 요구하는 부분과 이유를 상세히 설명함으로써 나의 생각을 원활하게 전달할 수 있는 효율적인 커뮤니케이션이 가능합니다.

넷째, 상대가 무엇을 원하는지 파악해야 합니다. 내 입장을 전달한 후 상대의 욕구를 알아야 서로의 욕구가 충족될 수 있는 출발선에 설 수 있습니다. 내가 상대방의 도움이 필요하다면 나도 같은 방식으로 도움을 줄 수 있어야 합리적입니다.

마지막으로 해결책을 협상하고 잘 시행되고 있는지 확인해야 합니다. 갈등을 정의한 후 가능한 많은 해결책을 제시한 후 최선의 해결책을 결정해야 합니다. 그리고 그 해결책의 효과성을 확인하기 위해 시행되는 동안 일어나는 상황들을 잘 관찰해야 합니다.

이러한 협력 방법이 모든 갈등 상황에서 이상적으로 사용할 수 없을 수 있습니다. 중요한 것은 현재 일어나고 있는 갈등의 주체가 '나'라는 것을 인지하고 '함께' 해결해 나가고자 하는 의지입니다.

현재 갈등을 겪고 계신가요? 그렇다면 천천히, 그리고 조금 돌아가더라도 문제를 먼저 정확히 만나 보시는 것은 어떨까요?

[심리학으로 생각하고 말하기]

Q) 내가 갈등을 만났을 때 가장 먼저 드는 생각은 뭘까요? (도망치고 싶다!/빨리 어떻게든 해결하고 싶다!/이건 누구의 잘못인가?/짜증 난다.)

→ '아, 이건 또 누구 때문인가.'라는 생각을 많이 하는 편입니다. 자꾸 내가 아닌 다른 사람을 탓하게 되는 것 같습니다.

Q) 갈등 상황에 있는 사람에게 어떤 방식으로 이야기해야 해결의 실마리를 찾을 수 있을까요?

→ 갈등 상황마다 차이가 있지만 작은 것 하나씩 순차적으로 해결해 나가야 한다고 생각합니다.

① 이 문제는 나 때문에 일어났다.
② 문제를 해결할 시간을 확보한다.
③ 상대방에게 문제에 대해 나에 대한 관점을 구체적으로 설명한다.
④ 상대방이 문제를 해결하고자 하는 부분에서 원하는 것을 파악하고자 한다.

마음을 움직이는 말

[상황 그리고 대화]

성준 씨는 캠핑을 좋아합니다. 결혼하기 전 금요일이면 근처 캠핑장으로 퇴근박(퇴근을 캠핑장으로 해서 1박)을 하곤 했습니다. 나래 씨와 결혼을 한 후에는 오랫동안 캠핑장을 가지 못했습니다. 나래 씨는 연애할 때 종종 캠핑을 함께 가곤 했지만 결혼 후에는 좀처럼 함께 캠핑을 가고 싶어 하지 않았습니다. 짐을 싸서 번거롭게 밖에서 자는 것이 별로였기 때문입니다. 성준 씨의 유일한 취미인 캠핑이 저지당하자 성준 씨는 나래 씨를 설득해야겠다고 마음을 굳게 먹었습니다. 결혼 후 사랑하는 아내와 캠핑을 다니고 싶은 성준 씨의 로망을 꼭 실현하고 싶었기 때문입니다. 기회를 엿보고 있던 어느 날, 아내가 엄청 기분이 좋아 보이던 바로 그날! 성준 씨는 꽤 오랫동안 세워 놓은 계획을 실현해야겠다고 마음먹었습니다.

성준: 자기야, 이번에 새로 나온 마라탕 밀키트가 있다는데 한번 먹어 볼래?

나래: 오, 마라탕! 누가 알려 줬어?

성준: 우리 팀 막내가 진짜 엄청나다면서 URL 공유해 줬어. 하하. 바로 자기 생각이 났지!

나래: 좋다, 좋다. 역시 자기가 최고네!

성준: 근데 요즘 날씨도 너무 좋고 밖에서 마라탕에 하이볼 한잔 딱 먹으면 너무 맛있겠는데?

나래: 그러게 밖에서 먹으면 시원하고 좋겠다.

성준: 아, 한강 가서 먹으면 좋은데. 아쉽네.

나래: 뭐가 아쉬워?

성준: 아니, 최 과장님이 이번 주에 갑자기 집에 내려가셔야 된다고 난지 캠핑장 양도받을 사람 없냐고 물어보셨거든. 나는 당연히 자기가 싫어하니까 안 받는다고 했지.

나래: 아, 그래? 자기 밖에서 먹는 거 좋아하는데 그냥 자기가 양도받지 그랬어.

성준: 진짜? 그럼 최 과장님한테 다시 여쭤볼까? 다른 직원들이 받는다고 했었던 것 같긴 한데….

나래: 그럴까? 근데 밖에서 자는 건 좀 불편하긴 한데….

성준: 만약에 된다고 하면 이번엔 자지 말고 그냥 먹고 놀다 올까? 나도 텐트보단 자기랑 침대에서 자는 게 편하지! 그럼 일단 내가 다 준비할게. 자기는 그냥 앉아서 먹기만 하면 돼.

나래: 정말? 자기도 편해서 캠핑을 다니는 건 아니었구나?

성준: 그럼, 그럼. 자기 요즘 스트레스 많이 받았는데 한강에 가서 시원하게 하이볼 먹고 그러면 마음도 좀 편안해지지 않을까?

나래: (웃음) 글쎄… 괜찮을까?

성준: 그럼! 자기는 그냥 편안한 마음만 준비해. 내가 밀키트 주문하고 의자랑 테이블이랑 타프랑 하이볼, 준비물들을 다 챙길게. 나 자기랑 정말 나들이 가고 싶었는데 생각만 해도 너무너무 좋아!

나래: 아유, 자기. 정말 가고 싶었구나….

성준: 아냐. 가고 싶어도 자기가 싫다면 안 가는 거지. 그래도 이렇게 가자고 해 줘서 얼마나 신나는지 몰라. (오예!)

[대화 들여다보기]

캠핑이 뭐기에 이렇게까지 치밀한 계획을 준비한 걸까요? 하하하! 성준 씨가 나래 씨를 설득하기 위한 작전은 성공한 걸까요?

사랑하는 아내와 함께하는 신혼 생활은 정말 달콤했습니다. 하지만 충족되지 않는 캠핑의 욕구 때문에 항상 어딘가 허전하고 스트레스도 쌓여 가는 기분이었습니다. 그래서 성준 씨는 나래 씨를 설득하기 위해, 어쩌면 자신의 목적(사랑하는 아내와 캠핑을 다니기 위한 빅 픽처)을 달성하기 위해 아주 전략적으로 계획을 세웠습니다.

먼저, 아내의 상황을 살폈습니다. 최근 나래 씨는 진행하던 프로젝트 때문에 신경이 아주 날카로워져 있었고 집에서도 계속 화가 난 얼굴이었습니다. 그래서 이 프로젝트가 끝나야 계획을 실행할 수 있을 거라고 생각했고 마침내 그 프로젝트의 종료일이 다가온 것이죠!

또한 아내와의 좋은 관계를 유지하기 위해 최근 일주일 동안 아내의 말을 거스르지 않았습니다. 어쩌면 아내의 심기를 건드리지 않으려고 노력했다는 표현이 더 정확할 것 같습니다. 그녀의 말이라면 뭐든 예스 예스를 외쳤죠! 그리고 그녀의 기분이 좋아지길 바랐습니다. 아무 날도 아닌데 꽃을 사 온다든지, 아내가 좋아하는 떡볶이를 사 온다든지, 일찍 퇴근해서 청소를 한다든지 아내의 기분이 좋아질 만한 행동을 연속해서 실행했습니다. 마침 날씨도 딱 맞아떨어졌습니다. 뜨거운 여름이 지나가고 가을바람이 살살 불어오고 있었으니까요. 그리고 마침내 성준 씨는 아내의 기분이 엄청 좋아 보이던 바로 그날. 계획을 실행했습니다. 기분이 좋을 때는 사실 누구의 말도 들어줄 수 있는 준비가 되어 있고 더 설득당하기가 쉽습니다. 성준 씨도 바로 그 틈을 파고든 것이죠. 그래서 성준 씨의 계획이 조금 수월하게 달성했는지도 모릅니다.

성준 씨는 나래 씨가 밖에서 자는 것을 싫어한다는 것을 알고 있었습니다. 그래서 대뜸 캠핑 가자는 말보다 그녀가 좋아하는 마라탕으로 접근을 시도하고 피크닉으로 연결을 지었습니다. 대뜸 "캠핑 가자!"라고 하는 게 아니라 나래 씨와 거리가 먼 캠핑을 조금씩 가깝게 만드는 전략을 사용한 것입니다. 날씨와 상황을 고려해 먼저 제안을 했지만 그녀가 선택할 수 있도록 유도했습니다. 위의 대화를 살펴보면 "나는 당연히 자기가 싫어하니까 안 받는다고 했지!"라고 말하며 그녀가 먼저 긍정적 의사를 내비칠 수 있도록 하였습니다. 여기에 쾌청한 가을 날씨까지 완벽하게 성준 씨를 도와줬습니다.

마지막으로 아내가 귀찮은 일이 없도록 자신이 모든 준비를 하겠다고 말합니다. 그리고 자신의 마음을 약간 내비치며 "나 자기랑 정말 나들이 가고 싶었는데 생각만 해도 너무너무 좋아!"라고 이야기합니다. 상대방에게 동정심을 유발하는 정서적인 호소를 함으로써 앞으로 나래 씨가 캠핑에 한 발짝 가까워지도록 만들었습니다.

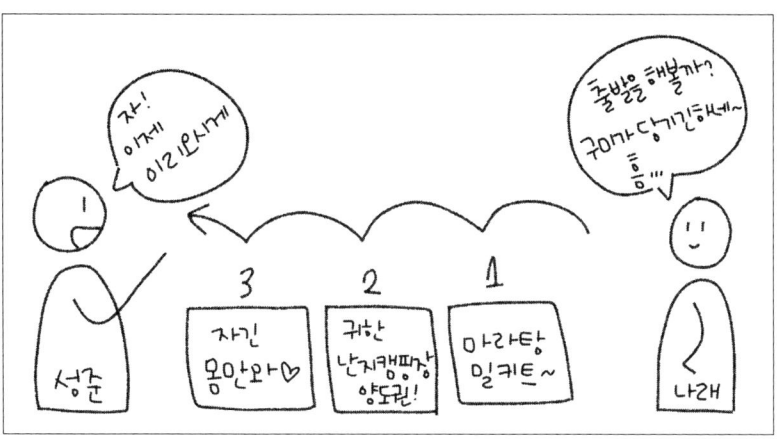

성준 씨는 아내의 개인적인 상황과 기분, 자신과의 관계, 그리고 날씨까지! 가장 적합한 타이밍을 찾아 아내를 설득하는 데 성공했습니다. 아마 캠핑을 다니기 위해 성준 씨도 또 나래 씨를 설득할 여러 가지 전략을 지속적으로 세워 나가겠죠?

나래 씨는 연애할 때 성준 씨가 텐트를 치고 맛있는 요리를 해 주는 것이 너무 멋있었습니다. 그런데 잠자리가 바뀌는 것에 예민한 편이라 밖에서 잠을 자는 것이 정말 자는 것 같지가 않이 힘들었습니다. 성준 씨가 캠핑을 엄청 좋아한다는 것을 알고 있었지만 그녀는 집에서 뒹굴뒹굴하며 누워 있는 상황이 더 좋았습니다.

나래 씨는 얼마 전 종료한 프로젝트의 성과가 좋아 회사에서 좋은 피드백을 받았고 팀장님이 곧 승진이 가능하다는 귀띔도 해 주었습니다. 기분이 정말 좋아 집에 왔는데 남편이 빨래를 개고 있었습니다. 그동안 자기가 바쁘다고 외조를 열심히 해 준 남편에게 정말 고마웠습니다. 남편이 캠핑을 좋아하는 걸 알면서도 매번 거절해 온 자신을 탓하지 않은 그에게 미안한 마음이 들었습니다. 막상 캠핑을 갈 생각은 없었지만 피크닉이라면 괜찮을 것 같고 자신도 모르는 사이 다 오케이한 것 같은 느낌이 들었죠.

나래 씨는 성준 씨의 이러한 빅 픽처를 알고 있었을까요? 그리고 성준 씨가 캠핑을 가기 위한 말과 행동이 과연 나래 씨를 설득할 수 있을까요?

[심리학 힌트]

설득하고자 하는 사람과의 관계, 그리고 메시지의 내용과 상황에 따른 설득력의 차이

[심리학으로 들여다보기]

설득은 개인적인 생각과 태도를 변화시키고자 하는 메시지를 전달하는 과정입니다. 메시지를 전달하는 과정을 통해 자신의 목적을 달성하고자 합니다. 성준 씨가 나래 씨에게 이야기했던 것처럼 말입니다.

자신의 말과 행동으로 타인의 생각과 태도를 변화시키는 일은 쉽지 않습니다. 그래서 우리는 타인을 설득하기 위해, 또한 내 목적을 달성하기 위한 전략을 나(전달자)와 너(수신자) 그리고 전달하고자 하는 메시지의 내용으로 나누어 쉽게 이야기해 보고자 합니다.

먼저 목적을 이루고 싶은 사람, 이 메시지를 전달하는 사람이 나(내가 속한 집단)라고 생각을 한번 해 볼까요? 사람들은 내가 어떤 사람일 때 내 말에 귀 기울여 주고 믿어 줄까요?

첫 번째로 내가 전문성이 높을 때 더 설득적입니다. 한 연구에서 학생들에게 8시간 이상 숙면이 갖는 효과를 다룬 칼럼을 읽게 했습니다. A 집단 학생들에게는 저명한 심리학자가 쓴 글이라고 알려 주었고 B 집단 학생들에게는 일반 시민 단체의 위원이 쓴 글이라고 알려 주었습니다. 그 결과 A 집단의 학생들이 해당 기고문에 더 잘 설득되었습니다.[36] 다큐멘터리 「그것이 알고 싶다」에서도 늘 범죄 심리학자 등 전문가가 출연하여 해당 사건에 대한 의견을 제시함으로써 사건의 해석에 대해 시청자들이 신뢰할 수 있게 하는 역할을 합니다. 전문가는 해당 분야에 대한 지식과 정확한 정보를 알려 줄 수 있기 때문에 우리는 그런 사람들에 말에 더 쉽게 설득당합니다.

두 번째는 매력입니다. 광고처럼 신체적으로 매력적인 사람, 즉 예를 들면 연예인이 등장해서 제품을 선전할 때 영향력이 커집니다.[37] 나에게 더 매력적인, 내가 좋아하는 영화배우가 선전하는 제품을 사고 싶은 마음이 드는 것처럼 말입니다. 최근에는 매력 있는 인플루언서들이 여러 가지 제품을 SNS로 자연스럽게 홍보하여 판매하는 것을 보면 그 사람의 매력이 효과를 발휘한 것이라고 볼 수 있습니다.

세 번째는 신뢰성입니다. 내가 잘 알고 믿음이 가는 사람의 말에 우리는 더 쉽게 설득당할 수 있습니다. 신뢰성에서 가장 중요한 것은 상대방을 설득하고자 하는 마음이 없는 것처럼 보이게 하는 것입니다. "나를 믿어! 나는 너를 설득하려고 온 게 아니라 그냥 밥을 한 끼 먹으려고 온 것뿐이야!"라고 말하는 것처럼요.

---

36) Bochner, S., & Insko, C. A. (1966). Communicator discrepancy, source credibility, and opinion change. Journal of Personality and Social Psychology, 4(6), 614.

37) Chaiken, S., & Eagly, A. H. (1983). Communication modality as a determinant of persuastion: The role of communicator salience. Journal of personality and social psychology, 45(2), 241.

마지막으로 유사성입니다. 사람들은 자신과 비슷한 사람에게 더 쉽게 친밀감을 느낄 수 있습니다. 마찬가지로 나와 비슷한 사람의 말을 더 잘 믿는 경향이 있습니다.[38] 한 연구에서는 에세이에서 말하고자 하는 주장에 이름과 생일이 같다고 알려 준 사람이 그렇지 않은 사람보다 더 많은 동의를 하는 것을 볼 수 있습니다.

전달하고자 하는 사람의 특성과 더불어 말하고자 하는 내용의 구성도 설득에 중요한 요소입니다.

먼저 태도의 변화를 이끌어 내기 위해서는 전달하고자 하는 메시지 자체가 명확하고 논리적이며 쉽게 기억할 수 있어야 합니다. 설득을 당하는 사람이 메시지 내용을 쉽게 이해해야 잘 받아들일 수 있기 때문입니다.[39]

그리고 말의 설득력을 높이기 위해서는 주장하고 있는 내용을 뒷받침할 수 있는 근거가 많을수록 좋습니다. 자기소개서를 작성할 때나 면접을 볼 때 "저는 계획적인 사람이기 때문에 이 직무에 적합합니다."라고 이야기하는 것보다 "저는 계획적인 사람입니다. 대학교 4학년 때 2가지 자격증 시험에 합격하기 위해 일, 주, 월 단위로 계획을 세워 성공한 경험이 있습니다. 따라서 해당 직무를 잘 수행할 수 있습니다."라고 이야기하는 편이 더 설득력이 있습니다.

---

38) Silvia, P. J. (2005). What is interesting? Exploring the appraisal structure of interest. Emotion, 5(1), 89.
39) Hovland, C. I., Janis, I. L., & Kelley, H. H. (1953). Communication and persuasion.

또한 상대방과 입장 차이도 설득에 영향을 미칩니다. 사람들은 자신의 태도와 일치하는 내용은 주의 깊게 듣지만 그렇지 않은 경우는 무시하기 때문입니다.[40] 이러한 효과를 '상위 효과'라고 합니다. 예를 들어 탕수육을 찍어 먹기 위해 부먹파(소스를 부어 먹는 사람들)를 설득하고자 한다면 "부어 먹으면 무슨 맛이냐! 그냥 찍어 먹어!"라고 이야기할 경우 부먹파들은 해당 메시지를 무시해 버릴 확률이 높습니다.

사람들을 정서적 호소로 설득하기도 합니다. 주로 공익 광고에 많이 사용하는 데 담뱃갑에 있는 징그럽고 사실적인 그림은 사람들에게 공포감을 형성하여 부정적 정서를 유발하는 것으로 금연에 대한 메시지를 전달합니다. 하지만 이러한 접근이 늘 효과적인 것은 아닙니다. 반대로 긍정적 정서를 이용한 방법도 효과적입니다. 만약 주말에 친구들과 놀러 가기 위해 남편 혹은 아내에게 허락을 맡아야 한다거나, 중요한 결재를 상사에게 받아야 하는 경우에 상대방의 기분을 살펴본 경험이 있으신가요? 성준 씨도 그런 전략을 나래 씨에게 사용했습니다. 기분이 좋은 사람들은 그 기분을 유지하기 위해 정보를 주의 깊게 처리하고자 하지 않습니다. 따라서 긍정 정서를 활용한 메시지를 이용하여 설득을 성공시킬 수 있습니다.

설득에 있어 내가 어떤 전략을 갖고 어떤 방법으로 메시지를 전달하는가도 중요하지만 성준 씨처럼 나래 씨가 왜 캠핑을 좋아하지 않는지, 현재 상황과 기분이 어떤지도 파악해야겠죠?

---

40) Pomerantz, E. M., Chaiken, S., & Tordesillas, R. S. (1995). Attitude strength and resistance processes. Journal of personality and social psychology, 69(3), 408.

설득해야 할 사람의 특성에 따라 같은 메시지라도 설득 효과는 달라집니다. 설득하고자 하는 대상의 취향이나 요즘 쉽게 알 수 있는 MBTI 정보 등을 파악하여 접근한다면 여러분의 설득이 조금 더 성공에 가까워질 수 있습니다.

그리고 사람들은 본인이 결정하지 못한다고 느낄 때, 즉 자유 의지가 침해당한다고 생각할 때 설득에 저항하고자 하는 마음이 생깁니다. 부모님이 하지 말라고 하는 행동을 더 하고 싶은 마음이 드는 것도 심리적 저항감 때문인 거죠.

사람을 설득하는 기술은 광고와 영업뿐만 아니라 실생활에서도 끊임없이 사용되고 있습니다. 사회생활을 하고 타인과의 관계를 유지하기 위해 내 의사를 전달하고 그것을 상대방에게 관철시키고자 말과 행동을 끊임없이 하면서 살아가니까요. 위처럼 설득을 위한 대화를 하실 때 필요한 방법을 한번 사용해 보시면 크고 작은 도움들을 받을 수 있습니다. 하지만 여기서 가장 빠질 수 없는 아주 중요한 기술! 바로 '진심'입니다. 상대의 마음에 내 마음이 도달하기 위해서는 진심이 빠질 수 없겠죠. 우리는 진심이 없는 사람의 말과 행동을 아주 빠르게 눈치챌 수 있습니다. 내가 전달자의 입장이 아닌 설득을 당하는 대상자의 입장이라면 아주 쉽게 이해하실 수 있습니다. 나래 씨가 성준 씨의 사랑 가득한 진심을 느꼈던 것처럼 말입니다.

[심리학으로 생각하고 말하기]

Q) 점심시간 메뉴 선택에 이견이 있는 회사 동료를 설득하기 위해 나는 뭐라고 말해야 내가 먹고 싶은 메뉴로 점심식사를 할 수 있을까요?

→ 그날의 날씨와 상대방의 기분, 어제의 점심, 저녁 메뉴를 고민해 보고 오늘 이 메뉴가 합당한 이유에 대해 이야기합니다. 상대방의 의견을 잘 수용하느냐, 그렇지 않느냐에 따라 좀 더 깊이 있는 전략이 필요할 수도 있을 것 같습니다.

Q) 내가 설득을 당하는 입장이라면 나는 어떤 태도의 사람이 하는 말에 더 호감이 가고 마음을 움직이게 될까요?

→ 내 상황을 더 잘 알아주는 사람에게 더 설득당할 것 같습니다. 물건을 사러 가서도 옷을 살 때 맘에 드는 것도 중요하지만 점원의 말이 기분 나쁘면 물건을 사고 싶은 마음이 없어집니다. 상사가 일을 시킬 때 하지 않아도 될 일도 기분 좋게 부탁하면 자발적으로라도 도와주고 싶은 마음이 듭니다. 결국 상대방의 입장을 잘 이해하고 있는가, 배려하고 있는가의 차이가 아닐까 싶습니다.

우리 사이에는 건널 수 없는 세월이 있어 :-(

[상황 그리고 대화]

　40대 후반의 김 부장과 20대 후반인 재형 씨는 얼마 전 재형 씨가 입사하면서부터 한 팀에서 근무하게 되었습니다. 김 부장은 재형 씨가 입사한 첫날부터 마음에 들지 않았습니다. 여러 팀을 돌아가며 인사를 하는데 신입 사원다운 패기는커녕 잘 들리지도 않는 목소리로 고개만 까닥거리면서 인사하는 태도가 영 마음에 들지 않았습니다. 그리고 출근 시간도 대외적으로는 9시이지만 8시 30분 이전에 모두 출근을 마치는 회사 특성을 고려하지 않고 매일 모두가 자리에 앉아 있는 조용한 시간인 9시 5분 전에 출근을 하였습니다. 그러던 어느 날 부서 회식을 위해 김 부장은 재형 씨에게 회식 장소 예약을 부탁하고자 자리로 불렀습니다.

김 부장: 재형 씨, 오늘 저녁에 팀 회식 할 예정이니까 근처에 식당 좀 예약해 줘요.
재　 형: 회식이요? 오늘요?
김 부장: 네. 무슨 문제 있어요?

재　　형: 오늘 제가 일정이 있어서 참석이 어려울 것 같습니다.

김 부장: 뭐라고요? 아니, 다 같이 하는 팀 회식에 신입 사원이 빠지면 어떻게 하나요?

재　　형: 사전에 말씀을 주셨다면 제가 참석해 보도록 고려했겠지만 갑자기 이렇게 팀 회식을 한다고 하시니 저도 당황스럽습니다.

김 부장: 하… 재형씨. 직장은 친구랑 약속 잡는 곳이 아니에요. 개인적인 일보다는 회사의 일을 먼저 생각해야 하는 것 아닌가요?

재　　형: 회식은 일이 아니지 않나요, 부장님?

김 부장: 회식도 일의 연장입니다. 함께 일하는 동료들과 이런저런 이야기를 나누고 서로 어려움이 있으면 함께 공유하고 하는 거죠.

재　　형: 아… 업무 시간에 충분히 가능하다고 생각하는데요.

김 부장: 재형 씨가 아직 신입 사원이라 몰라서 그러는 것 같은데, 그런 식으로 생각하면 직장 생활이 힘들어요. 그리고 말이 나와서 하는 얘긴데 직장은 일만 잘한다고 되는 곳이 아닙니다. 아침에도 모두 앉아서 이미 업무 준비를 마쳤는데 혼자 그 시간에 오면 어떻게 합니까? 우리 층에 있는 다른 팀까지 재형 씨에 대해 말이 많아요.

재　　형: 저는 잘 이해가 가지 않습니다, 부장님. 9시까지 출근 아닌가요? 8시 30분까지 오라고 하시는 말씀을 전달받긴 했습니다만 업무 준비를 30분씩이나 할 필요는 없다고 생각합니다.

김 부장: 9시 출근은 9시까지 오라는 게 아니고 9시에 업무를 시작하라는 겁니다. 그렇게 간당간당하게 와서 9시부터 업무가 되겠어요?

재　　형: 그럼 30분 일찍 오면 30분 일찍 퇴근해도 되나요, 부장님?

김 부장: 하… 재형 씨 참 말이 안 통하네. 사회생활을 안 해 봐서 그런가. 어쨌든 오늘 회식은 팀장님께서 이번 프로젝트 때문에 팀원들이 고생을 많이 해서 특별히 요청하신 건이니 회식 장소 인원 수에 맞게 예약하세요. 그리고 본인이 정 불참할 수밖에 없다면 팀장님께 사전에 양해를 구하세요.

재 형: 일단 알겠습니다. 부장님, 근데 어느 식당으로 예약을 하면 좋을까요?

김 부장: 그것까지 내가 일일이 알려 주면 내가 예약하지 왜 재형 씨보고 예약하라고 했겠어요?

재 형: 최 대리님께 여쭤보겠습니다.

[대화 들여다보기]

　최근 MZ세대라 불리는 직장인들이 사회생활을 시작하면서 기업 내에서 세대 간 소통 갈등이 큰 이슈로 떠오르고 있습니다. 김 부장과 재형 씨 같은 어긋난 소통이 직장 생활을 하면서 곳곳에 나타나고 있습니다. 혹시 이런 경험을 해 보신 적이 있으신가요? 경험을 해 보셨다면 상대방이 왜 그러는지 이해하려고 해 보신 적 있으신가요? 지금부터 김 부장과 재형 씨의 입장을 읽어 보시면서 현실 속 나의 상황에 대입해 보시는 것도 좋은 방법일 것 같습니다.

　김 부장(74년생)은 대학 졸업 후 입사하여 20년 동안 한 회사에 열정을 바치며 살아왔습니다. 심지어 가족과 보낸 시간보다 회사에서 보낸 시간이 더 많았습니다. 대학생 때 IMF 외환 위기를 경험하며 사회적인 어려움을 경험하였기 때문에 입사 후 회사에 충성을 다해야겠다고 다짐했습니다. 공동체 의식이 강했기 때문에 개인적인 일보다는 직장의 일을 우선시하는 것이 당연했습니다. 성실함이 전부라고 믿었기에 8시 이전에 출근하여 일을 스스로 찾아서 하고 잡무도 마다하지 않았습니다. 이렇게 일해야 한다고 누군가가 말해 주지 않아도 모두가 그렇게 하고 있었기 때문에 당연히 나도 그렇게 해야 한다고 생각하며 살아왔습니다. 그러한 시대적 배경과 조직 문화 탓에 상명하복, 공동체 주의가 익숙할 수밖에 없었습니다. 그런 김 부장은 상사들에게 인정받았고 그래서 자신이 하는 방식이 옳다고 믿으며 살아왔습니다. 그렇게 살아온 김 부장에게 재형 씨는 정말 이해가 가지 않았습니다. 물론 대리급 후배들 중에서도 가끔 시키는 일에 불만을 갖거나 상사가 퇴근하지 않았는데 칼퇴하는 친구들이 종종 있었습니다. 그래도 대부분은 윗사람의 의견을 존중하는 태도를 보였습니다. 하지만 재형 씨는 달랐습니다. 그의 생각을 하나부터 열까지 이해할 수가 없었습니다. 김 부장이 보기에 재형 씨는 너무 생각이 어리고 개인주의적이고 사회생활에 어우러지는 사람이 될 수 없을 것 같았습니다. 막내가 팀장처럼 행동하니 요즘 김 부장의 머릿속은 재형 씨 생각으로 계속 지진이 나고 있었습니다.

재형 씨는 일과 삶의 조화를 중요하게 생각했기 때문에 심사숙고하여 직무와 기업을 선택하였습니다. 회사에서 월급을 받는 만큼만 일하면 되고 내가 맡은 업무는 책임감 있게 해내는 것이 맞다고 생각했습니다. 직장에 다니면서 주말에 서핑을 하는 것이 재형 씨가 생각한 완벽한 삶이었습니다.

하지만 직장 생활은 자신이 생각한 것과는 좀 달랐습니다. 정확히 말하면 업무가 아니라 사람이. 재형 씨는 왜 출근이 9시까지인데 8시 30분까지 꼭 와야 하는지, 말이 준비 시간이지 출근하자마자 업무를 하고 있는 사람들이 대부분인데 왜 일하는 시간을 자율적으로 늘리라고 하는지 이해가 되지 않았습니다. 자신은 지각을 한 적이 단 한 번도 없습니다. 대부분 5분 전 10분전에는 도착하기 때문에 문제가 없다고 생각했습니다. 사실 출근 시간뿐만 아니라 업무를 하면서도 참 비효율적인 부분이 많다고 생각했습니다. 공문에 점을 안 찍었다고 반려를 당하거나 보고를 위한 보고 자료를 만들라거나 하는 것들은 사실 세대 차이라기보다는 그냥 불필요한 업무 문화라고 생각했습니다.

　김 부장과 재형 씨는 서로 다른 시대, 문화적 배경을 살아왔습니다. 두 사람뿐만 아니라 다른 세대의 갈등은 가족 내에서도 흔히 나타납니다. 재형 씨에게 다른 의도는 없었습니다. 그냥 불합리하다고 생각하는 것들에 대해 이야기했을 뿐이죠. 김 부장은 이러한 재형 씨의 말과 행동을 비판적이고 조직에 순응하지 않으며 성실하지 않은 사람이라고 판단해 버렸습니다. 재형 씨도 마찬가지로 김 부장이 전형적인 '꼰대'이며 회사 생활에 목숨 거는 가정적이지 않은 사람이라고 생각했죠. 그래서 우리는 두 사람이 살아온 환경을 주의 깊게 살펴볼 필요가 있습니다. 그리고 서로의 다름을 인정해야 합니다. 모두가 같은 생각으로 살 수는 없습니다. 다른 생각들이 말과 행동을 통해 서로의 관계와 그 주변까지 무너뜨릴 수도 있으니까요.

[심리학 힌트]
　세대에 대한 이해가 필요한 커뮤니케이션

[심리학으로 들여다보기]

먼저, 여러분의 이해를 돕고자 김 부장은 X세대, 재형 씨는 MZ세대를 대표하는 인물로 표현하였습니다. 그런데 여기서 우리가 또 알고 넘어가야 할 사실 하나는 모든 사람이 그 세대의 대표적인 성향을 갖고 있다고 오해하지 말아야 합니다. 그러한 편견이 새로운 사람을 만나고 의사소통할 때 방해 요소로 작용할 수 있으니까요.

커뮤니케이션은 '다중성'을 갖고 있습니다. 즉, 김 부장과 재형 씨와의 관계에서는 서로에 대한 성격과 태도 그리고 서로의 상황을 고려하면서 커뮤니케이션을 해야 합니다. 서로에 대한 고려 없이는 자신이 생각하는 대로 상대방의 말을 해석하게 되고 작은 오해가 큰 갈등으로 발전할 수 있습니다.

김 부장과 재형 씨는 서로에 대해 아는 정보가 없어서 위와 같은 대화를 했을 수도 있습니다. 가까운 사이일수록 서로에 대한 정보를 많이 알기에 다중성이 감소할 수 있습니다. 하지만 김 부장과 재형 씨는 객관적으로 드러난 정보 외에 서로를 알려고 생각조차 하지 않았을 것입니다.

조직 내 세대의 다양성 즉, 세대 계층이 많아질수록 의사소통은 상대적으로 부정적인 방향으로 흘러갈 가능성이 높습니다.[41] 조직 내 의사소통이 긍정적일수록 조직의 성과가 올라간다는 것은 많은 연구를 통해 밝혀졌습니다. 그만큼 세대 간의 원활한 의사소통은 조직 내에서 중요하게 작용합니다. 김 부장과 재형 씨뿐만 아니라 그 사이에 끼어 있는 세

---

41) 김용수. (2014). 조직 내 구성원의 다양성이 구성원 간 의사소통 및 팀 창의성에 미치는 영향 (Doctoral dissertation, 서울대학교 대학원).

대의 사람들과의 조화도 필요합니다. 이는 부모와 자녀 간에도 마찬가지입니다. 부모와 자녀 간의 의사소통은 자아 존중감과 정서 기능을 높여 줍니다. 이는 곧 대인 관계를 유능하게 수행할 수 있다는 것을 나타냅니다.[42] 사회적으로 스스로 괜찮은 사람이라고 생각하고 사람들과 좋은 관계를 맺고 의사소통하기 위해서는 부모와의 원활한 의사소통이 선행되어야 한다는 것이죠.

세대 간의 차이는 살면서 경험한 사회/경제적 상황과 밀접한 관련이 있습니다. 그래서 그들이 경험해 온 사회를 들여다보면 조금은 서로를 이해하기가 수월합니다. 김 부장의 경우는 X세대*에 속하는 세대로서 경제 호황기와 IMF 외환 위기를 모두 경험하였습니다. 뭐든 열심히 하면 '개천에서 용'도 날 수 있는 시대였죠. 가족이든 회사든 함께의 가치를 강조하는 풍토를 줄곧 경험하면서 살아왔습니다. 재형 씨의 경우에는 MZ세대*에 속합니다. 이들은 어렸을 때부터 핸드폰과 인터넷을 쉽게 접하며 성장했습니다. 세상에 대한 궁금증은 컴퓨터 화면 속에서 쉽게 찾을 수 있었습니다. 친구들과 더치페이를 당연시하고 함께의 가치보다는 개인의 가치를 우선적으로 고려하면서 살아왔습니다. 이렇게 살아온 배경이 다른데 서로를 이해하기란 쉬운 일이 아닌 것이죠.

---

42) 최은정, 김유현, 김청송. (2020). 대학생의 부모-자녀 의사소통과 대인관계유능성의 관계에서 자아존중감과 정서지능의 매개효과. 한국심리학회지: 건강, 25(5), 1025-1040.

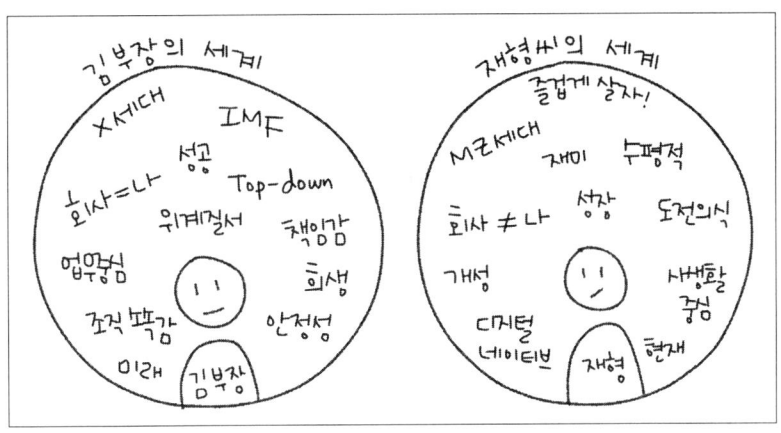

경험의 차이도 있지만 삶이 어떤 시기에 있느냐의 차이도 존재합니다. 심리학에서는 아이들뿐만 아니라 성인도 죽을 때까지 발달한다는 개념이 존재합니다. 바로 '성인 발달 이론'입니다. 각 연령대별로 수행해야 하는 발달 과업이 존재하고 이를 잘 수행하면 다음 단계의 발달 과업을 수월하게 맞이할 수 있습니다. 재형 씨처럼 이제 막 성인 초기의 시기에는 자신이 무엇을 하고 싶은지 고민하고 직업을 선택하여 변화 가능성에 대한 탐색을 합니다. 그래서 재형 씨는 이제 막 새롭게 시작한 일에 대해 알아 가고 자신의 삶을 기획하는 데 가장 많은 에너지를 쓰고 있습니다. 그런 이유로 중요한 발달 과업 외에 직장 내 관계나 업무 외적인 일들은 중요하다고 생각하지 않는 것이죠. 김 부장은 이제 중년기에 진입했습니다. 자신의 삶을 돌아보며 재평가를 하기도 하고 직장 내에서 업무적으로 나아가기보다는 후배들을 지도하는 방향으로 방향을 바꾸어 갑니다. 자신이 회사에 헌신하면서 살아온 삶을 긍정적이라고 평가하며 재형 씨의 태도를 더더욱 이해할 수 없었죠. 사내에서 누군가와 경쟁하기보다 자신 스스로가 평가한 긍정적인 업무 경험을 후배들에게 전

수해 주고자 잔소리 아닌 잔소리도 하고 후배들이 어떻게 하면 올바른 방향으로 갈 것인가에 대한 고민도 많아졌던 것입니다.

　김 부장은 재형 씨의 세대를 경험했고, 재형 씨도 김 부장의 세대를 경험하겠죠? 세대 간의 어려운 소통은 결국 서로를 알지 못하고 이해하려고 하지 않는 마음에서부터 시작합니다. 가시가 잔뜩 있는 말을 건네면 더 많은 가시가 박힌 말이 돌아옵니다. 내가 이해할 수 없는 세대가 다른 상대가 있다면 그 사람은 왜 이런 생각을 하게 되었는지, 왜 이렇게 말을 하고 있는지 한번 생각을 해 보시면 좋을 것 같습니다.

[심리학으로 생각하고 말하기]

Q) 가장 커뮤니케이션이 어려운 사람은 누구인가요? 왜 그렇게 생각하나요?

→ 가족, 그중에서도 부모가 제일 어렵습니다. 생각하는 사고방식이 너무 다르고 서로를 이해하기가 굉장히 어렵습니다. 함께 살아온 세월이 있어 유사한 부분도 있지만 성인이 된 이후 부모와 함께 살면서 의사소통하는 게 더욱더 어려워집니다. 어릴 때는 부모의 생각을 온전히 받아들여야 했다면 현재는 나의 생각과 주관이 있기에 부모를 이해할 수 없는 상황들이 많습니다. 대부분 주위에도 성인이 돼서 부모와 함께 사는 경우는 굉장히 힘들어하는 것 같습니다.

Q) 커뮤니케이션이 어려운 사람은 어떤 과거를 경험했기에 그런 식의 소통을 하는 걸까요?

→ 부모의 부모에게 자녀를 존중하는 의사소통을 배우지 못했을 것이라고 생각합니다. 시대가 다르고 배운 것들이 다르고 관점이 달라서 그런 것 같습니다.

Q) 세대가 다른 상대방과 긍정적인 커뮤니케이션을 하기 위해 내가 고쳐야 할 부분은 어떤 점이 있을까요?

→ 나의 경험과 생각이 모두 맞다는 생각을 지양해야 한다고 생각합니다. 시대와 문화적 차이를 이해하고 '그럴 수도 있지' 하는 생각이 세대 간 갈등을 줄일 수 있을 것 같습니다.

[참고 도서]

— 인간관계와 의사소통의 심리학. Ronald B. Adler, Russell F. Proctor Ⅱ.
정태연 번역. 교육과학사. 2015.

— 대인관계와 의사소통의 심리학. 정태연. 학지사. 2022.

— 부정성 편향. 존 티어니, 로이 F. 바우마이스터. 정태연, 신기원 번역. 2020.

— 인간 본성의 법칙. 로버트 그린. 이지연 번역. 위즈덤하우스. 2019.

— 사회심리학 마음과 행동을 결정하는 사회적 상황의 힘.
로버트 치알디니, 더글러스 켄릭, 스티븐 뉴버그. 김아영 옮김.
웅진지식하우스. 2020.

— MBTI® Form M 매뉴얼. 이자벨 브릭스 마이어 외 3인. 김정택,
심혜숙 옮김. 2015.